꽤 괜찮은 사람의
유쾌한 반성

꽤 괜찮은 사람의
유쾌한 반성

초판 1쇄 인쇄 _ 2020년 8월 1일
초판 1쇄 발행 _ 2020년 8월 5일

지은이 _ 남유리

펴낸곳 _ 바이북스
펴낸이 _ 윤옥초
책임 편집 _ 김태윤
책임 디자인 _ 이민영

ISBN _ 979-11-5877-184-3 03190

등록 _ 2005. 7. 12 | 제 313-2005-000148호

서울시 영등포구 선유로49길 23 아이에스비즈타워2차 1005호
편집 02)333-0812 | 마케팅 02)333-9918 | 팩스 02)333-9960
이메일 postmaster@bybooks.co.kr
홈페이지 www.bybooks.co.kr

책값은 뒤표지에 있습니다.
책으로 아름다운 세상을 만듭니다. — 바이북스

미래를 함께 꿈꿀 작가님의 참신한 아이디어나 원고를 기다립니다.
이메일로 접수한 원고는 검토 후 연락드리겠습니다.

성찰의 힘을 더하자 삶이 변했다

남유리 지음

꽤 괜찮은 사람의
유쾌한 반성

바이북스
ByBooks

나는 1980년대에 대한민국에서 태어나 이 시대를 살고 있는 청년이다. 공부를 특별히 잘해서 일류대학을 졸업한 것은 아니다. 외모가 특별히 출중한 '미스 코리아'나 미모와 지성을 겸비한 '아나운서'처럼 생기지도 않았다. 돈이 많은 부자도 아니다. 게다가 이십대 초반의 풋풋한 청년도 아니고, 삼십대의 난 결혼도 하지 않아서 아이가 있지도 않다. 이런 나는 괜찮은 사람일까?

'괜찮다'는 말은 사람들이 일반적으로 '좋다', '마음에 든다.', '그 정도면 훌륭하다.'는 의미로 사용한다. 국어사전의 의미로는 '별로 나쁘지 않고 보통 이상이다.', '탈이나 문제, 걱정이 되거나 꺼릴 것이 없다.'이다. 한자로는 '근사(近似)하다', '그럴싸하게 좋다'의 뜻을 가졌고, 영어로는 'nice', 'good'의 의미라고 한다.

'괜찮다'의 어원은 여러 가지 설이 존재하는데 그 중에서 1989년 중판 발행된 '서정범'의 《어원별곡》(p.200)에 나온 해석을 보니 '괜히'는 '공연히'가 준 말이고 '공연하다'는 '쓸데없이'라는 뜻이므로 '공연하지 않다' 즉 '쓸데없지 않다', '그만하면 됐다'는 뜻이 된다고 한다.

이 세상에 태어난 모든 사람들은 똑같은 사람이 없으므로 모두가 세상에서 단 한 명뿐이다. 그래서 특별하지 않은 사람은 없다고 생각한다. 모두가 다르고, 특별하기에 각각의 다른 장·단점을 가지고 있고, 인간은 혼자서는 살 수 없는 존재기에 더불어 살면서 서로에게 영향을 주고받는다. 그러니 쓸데없는 사람은 한 명도 없을 것이다. '괜찮은 사람'은 그 어원을 떠올려 보면 '쓸데없지 않은 사람'이라는 뜻이니 결국 우리 모두는 태어날 때부터 이미 괜찮은 사람들이었지 않을까.

책을 쓰는 과정에서 홀로 생각하고 나 스스로와 대화를 나누면서 왜 열심히 살았던 내가 무기력한 상태에 빠진 것처럼 의욕을 잃게 되었는지를 알게 되었다. 우리는, 아니 나는 나에게 주어진 모든 것에 감사를 알지 못했고, 항상 남의 시선에서 나를 바라보며, 남과 비교하고 가지지 못한 것을 찾아서 갈증을 느꼈다는 것을 깨닫게 되었다.

부모님의 사랑도 받았고, 학교생활을 즐겁게 해서 추억도 많다. 영문과를 졸업하고, 영어교육 석사를 졸업해서 정교사자격증이 있고, 테솔(TESOL-영어를 모국어로 하지 않는 사람에게 영어를 가르치는 교수법) 과정을 졸업하고, 교육청에서 시행한 영어회화 전문강사 공개채용시험에 합격해서 발령을 받아 학생들을 가르쳤다. 처음에는 열정적으로 일했지만, 경력이 쌓이면서부터 점점 일반 교사들과 다른 것을 느꼈고, 다수인 교사들과 학교에서 혼자만 영어강사인 나를 비교하게 되었다.

그후 학원을 운영하면서도 자금을 친구에게 맡기고 재정적인 부분을 확인 한번 하지 않아서 모든 것을 잃게 되었다. 내가 가지지 않은 게 더 크게 보여서 마음에 평안이 없었다. 내 삶을 성찰하는 시간보다 다른 것을 찾아 헤맸으니, 내가 가지지 못한 것에 대한 갈증은 더 심해지고 마음은 흔들릴 수밖에 없었다.

인생은 자기 스스로의 선택에 따라 만들어진다. 자기 길은 스스로 찾아간다는 의미다. 그렇다면 주어진 환경을 탓하고 남과 비교하면서 위축될 게 아니라 나를 지키는 품위 있는 삶을 살아내야 하는 게 내 삶의 목표였음을 알게 되었다. 이 자존의 개념을 바탕에 두고 내 삶을 돌이켜보니 난 이미 괜찮은 사람이었고, 이미 너무 많은 것을 지닌 풍요로운 사람이었다.

나는 지금 삼십대를 살고 있다. 과거의 좌충우돌은 미래의 내 삶에 나침반이 되어줄 것이다. 실패를 통해 성공을 이끄는 비법으로 삼고자 한다. 그리고 감사하되 스스로 나를 되돌아보고 스스로 대화하는 기쁨도 맛볼 것이다. 생각의 힘은 삶을 지혜롭게 살아가는 방법을 알려주고, 나의 자존감을 높여 주었으니까.

이 책에는 마치 맞지 않은 옷을 입은 듯이 다른 사람의 기준에 맞추려고 애를 쓰며 살아가던 삶에서 느꼈던 안타까움이 담겨있다. 그리고 그렇게 헤매는 것 같아 보였던 일들이 결국 나만의 강점을 찾게 되는 과정이라는 것을 발견했다. 그 과정에서 나는 내가 얼마나 소중하고, 괜찮은 사람인지 알게 되었고, 이제야 비로소 내 안의 진정한 만족을 찾았다. 이 책을 읽으면서 나뿐 아니라 모두가 특별하고, 괜찮은 존재라는 사실을 알게 될 것이다. 그리고 앞으로 아름답게 펼쳐질 각자의 인생을 응원했으면 좋겠다.

제1장

나를
사랑하자

몇 해 전 〈응답하라 1988〉이라는 드라마가 사람들에게 인기 있었다. 나도 그것을 재미있게 시청했었다. 그 드라마의 내용이 특별히 자극적 이거나 인물관계가 얽혀서 서로 꼬여 있지도, 시한부 인생인 것도, 기억상실증에 걸리지도, 이복 남매의 사랑이 나온 것도, 재벌이 등장하지도, 살인 사건과 같은 끔찍한 내용이 나오는 것도 아니었으나 무척이나 인기가 있었다. 그저 1988년 당시 서울의 쌍문동 어느 골목에 살던 동네 사람들의 이야기였다.

그것을 보면서 나도 1980년대에 출생했던 사람으로서 나의 어린 시절이 떠올랐고, 자연스럽게 드라마에 빠져들었다. 그 당시를 살았던 사람들은 분명 나처럼 그 드라마를 보면서 자신의 그 시절 추억들로 반가웠을 것이고, 내용을 보고 공감했을 것이다.
내 인생 이야기 또한 특별하지는 않더라도 오늘을 살아가고 있는 이들이 나의 이야기를 보고 잠시라도 웃음 지을 수 있었으면 좋겠다. 나 또한 이 글을 쓰면서 타임머신을 타고 어린 시절로 돌아간 것 같은 느낌이 들어서 그 추억들로 인해 행복했다.

글을 쓰다 보니 내가 잊고 지냈던 내 모습을 볼 수 있었고, 예전에는 후회했던 나의 선택과 실수도 감싸 안을 수 있는 마음의 여유가 생겼다. 지금은 내가 살아온 모습 그대로가 사랑스럽게 느껴진다.

꽤 괜찮은 사람의 유쾌한 반성

01

나 자신을
있는 그대로
인정하기

이제까지 살아오면서 나도 모르게 내가 생각하기에 완벽한 기준을 하나둘씩 만들기 시작했다. 그런데 현실에서의 내 모습은 나의 상상과는 달랐다. 나는 그 사실을 인정하기가 싫었고, 늘 마음속으로 부족함을 느꼈다.

그 꿈과 가까워지기 위해 노력을 했지만 무슨 일이든 이루기 위해서는 쉬운 일은 없기에 완벽한 수준까지 도달하기엔 늘 아직 멀었다고 생각했다.

목표를 다 이루고 나면 내가 하고 싶은 것을 시작하겠다고 입버릇처럼 말하며 하고 싶은 것을 참을 때마다 엄마는 현실을 즐기지 못하는 나를 걱정했다.

"지금도 네 인생인데 지금 해야 할 것들은 해야지."

나름대로는 크고 작은 목표에 도달하기 위해, 나는 열심히 생활했는데 그 과정을 즐겁게 보냈으면 더 좋았을 걸 하는 아쉬움도 든다. 사실 목표를 달성하는 순간은 짧지만 그것을 이루기까지의 과정이 대부분의 시간을 차지한다. 그 모든 순간들이 다 모여서 내 인생이 되는 것이라고 생각하니 과정을 즐길 줄 아는 사람이 진짜 행복한 사람이라는 생각이 든다.

나는 행복해지고 싶어서 노력했다. 사람들은 진정으로 행복하려면 먼저 자기를 사랑해야 한다고 말한다. 어떻게 하면 나 자신을 사랑할 수 있을까. 하지만 나는 그 말을 들어도 막연했고 나를 사랑하는 줄로 착각했었다.

한때 내가 세상에서 제일 불쌍하다고 생각했던 때가 있었다. 그 마음으로 살아갔을 때는 나 말고는 아무도 측은하거나 안쓰럽지 않았다. 내가 제일 불쌍하니까. 그게 진짜 나를 사랑하는 것인 줄 알았다. 내가 스스로 뭔가 큰 것을 이루지 않았어도 충분히 가치 있고, 멋있고, 아름다울 수 있다는 것을 잊고 내가 그저 나약하고, 불쌍하다고 여기니 마음이 불행해졌다. 그것이 심해지면 사람들이 나에게 칭찬으로 하는 말도 비난하는 말로 잘못 들리기도 했다. 그리고 위로하는 것으로 착각하기도 했다.

자신을 사랑하는 사람들은 자기 자신을 만족할 줄 알고, 현실 속에서 자신의 모습을 충분히 아름답다고 인정하는 모습이었다. 하지만 나는 여전히 그런 말을 들어도 나를 인정하는 것이 쉽지가 않았다. 나는 상상 속에서 수준 높은 학벌을 갖추고, 외모도 완벽하고, 안정된 직장을 다니고, 사람들이 부러워할 만한 사람을 만나 결혼을 하고 지금쯤 귀여운 아이들을 키우며 살고 있어야만 행복한 것이라고 굳게 믿으며 꿈꿨었다. 그중에 한 가지도 나의 모습에서 찾아볼 수 없는데 대체 나 자신에 만족하라니. 도대체 어떻게 생각을 해야 지금의 내 모습 자체를 인정하고 사랑할 수가 있는지 너무 어려웠다.

어떤 때는 목표 달성을 못하면 죽으려고까지 결심하고, 내 몸이 죽어서 아무 곳에나 버려져도 아무렇지 않은 마음이었던 내가 과연 나 자신을 사랑할 수가 있을지. 거울을 보면 예전처럼 풋풋하고, 밝고, 날씬해서 예쁘다고 느꼈던 그 모습은 사라졌다. 어느새 전보다 피부도 처지고, 머리숱도 줄어들고, 몸도 아프고, 뚱뚱해지고, 어두운 표정인 내 모습이 마음에 들지 않아서 거울을 깨뜨리고 싶을 때가 자주 있었다.

얼마 전 오랜만에 잊고 지냈던 나의 대학생 때 사진을 봤다. 사진 속 나는 지금보다 어리지만 뭔가 옛날 스타일이라 촌스럽고 지금의 눈으로 볼 때 오히려 지금 얼굴이 더 나아보였다. 그런데 그 당시에 나는 스스로 충분히 예쁘다고 생각하면서 나름대로 마음속으로 행복을 느꼈었고, 자신 있게 지냈던 기억이 난다.

그럼 그때의 나는 나이가 든 지금과 학벌, 직업, 외모 등이 다를 것이 없는데 왜 그렇게 당당하고, 만족하면서 살 수 있었을까를 생각해봤다.

'어려서 미래에 대한 희망이 있기에 괜찮았던 건가.'

아니면 '아무 생각이 없어서 그랬나.'

'사회생활을 하기 전이라 순수해서 그랬던가.'

아니면 '남자친구가 아껴주고 존중해줘서 그런가.'

이 모든 것이 이유가 될 수 있을 것 같지만 아직도 정확히 모르겠다. 어쨌든 이런저런 생각을 거듭하면서 나를 사랑할 수 있는 계기가 있었다. 내 인생을 회상해보다가 좋았던 추억과 나빴던 일도 웃으면서 정리할 수 있었던 것은 다음의 세 가지 이유 때문이다.

첫번째는 태어나기 전 엄마 뱃속에 있을 때부터 하나님을 믿었던 나는 항상 살면서 하나님이 나를 지켜주신다는 믿음이 있었다. 내가 세상에 대한 원망으로 힘들어할 때나 스스로를 학대하고, 타인을 미워하고 저주할 때도 하나님은 내 눈에 보이지 않았을 뿐이지 항상 내 곁에서 함께 아파하신다고 믿었다. 끝까지 내가 하나님께 기도하면서 다시 돌아오기를 기다려주셨고, 내 잘못을 뉘우칠 때 늘 다시 받아주셨다. 그분이 나를 만드실 때 어떤 선한 목적이 있는지 나는 비록 알 수 없지만 그렇다고 믿고 있다.

그리고 충분히 그분이 보시기에 아름다운 모습으로 세상에 태어나게 하신 것일 텐데 내가 만들어 놓은 기준과 비교해서 나 자신을 비하하는 것은 나를 만드신 하나님을 욕되게 하는 것이고 신께 건방진 태도라는 생각이 들게 되었다.

두 번째는 내가 아무리 방황하고, 속을 썩여도 끝까지 나를 위해

꽤 괜찮은 사람의 유쾌한 반성

눈물로 기도해준 부모님이 있는 것만으로도 나는 행복한 사람임을 알게 되었다. 나 같으면 내가 한 짓들을 생각하면 당장이라도 호적에서 빼버렸을 텐데…. 다시는 보지 않을 정도로 부모님 마음을 찢어놨는데도 내 일이라면 즉시 도와줬다.

어머니는 내가 지금 건강을 회복하고 밝게 웃는 날도 있는 것에 감사하다며 내가 글을 썼는데 혹시 돈을 못 벌더라도 엄마가 일을 계속해서 먹고 살면 된다고 말했을 때 가슴이 시렸다.

아버지가 암에 걸렸을 때 나는 그의 사랑을 더욱 실감했다. 수술실에 들어가면서도 딸 시험장에 데려다 주기 위해서 예정된 날짜에 꼭 퇴원해야 한다고 그 걱정만 하던 아버지…. 그런 사랑하는 아버지가 물려준 유전자를 가지고 있는 나 자신을 사랑하는 것이 곧 부모님을 사랑하는 것임도 알게 되었다.

개명을 하고서 내가 졸업한 초, 중, 고등학교 생활기록부를 떼어서 읽어보게 되었다. 당시의 장래희망, 수상경력, 임원활동 기록, 신체 기록, 담임선생님의 평가 등을 보면서 나도 모르게 웃음이 나왔다. 옛추억을 떠올려보니 평범하기는 했지만 나름대로 열심히 모든 것에 임했던 내 모습에 뿌듯하고, 만족감이 들기도 했다. 그리고 아픈 날도 있었는데 12년 모두 개근을 한 것이 남들에게는 별 것 아닐 수도 있겠지만 나 자신이 기특했다. 나도 모르게 나의 과거를 돌아보며 잘 했다고 스스로를 토닥여주게 되었다.

세 번째는 글을 쓰면서부터 '행복한 삶을 살기 위해서 나를 사랑

하자. 내 모습을 인정하자.'는 것을 굳이 노력하지 않아도 쓰는 과정
에서 서서히 그렇게 되어갔다. 솔직하게 모든 내용들을 쓰다 보니
내 모습 그 자체를 자연스럽게 인정하게 되었고, 이유는 몰라도 글
을 쓰다 보니 나도 나름대로 대견한 구석이 있고, 꽤 쓸 만한 사람이
라는 생각이 들었다. 스스로가 미울 때는 이상하게 남들도 싫었었는
데 내가 자족하는 마음이 들면서부터 다른 사람들도 귀한 사람으로
느껴졌다.

예전에 나는 다른 사람들의 유명하고, 성공한 모습에 열광했다.
세상의 기준에서 돈도 많고, 외모도 출중하고, 학식이 있고, 능력도
있고, 인기도 많은 사람이 부러웠다.

'나는 왜 그러지 못할까.'라고 한탄할 때의 내 모습도 지금의 만
족하는 내 모습과 별반 다르지 않았었다.

내가 가진 모습 그대로의 나를 인정하고 나서부터는 '나'라는 존
재를 내가 사랑할 수 있게 되었다.

그렇다. 남유리는 그냥 남유리지 직업이나 직급, 남편, 내가 낳을
자식 또는 누군가의 자녀 등으로 설명할 수 있는 존재가 아닌 나 자
체로 가치 있는 사람이다.

그렇다고 지금의 수준에 만족하니 아무 노력도 하지 않고 계속
안주하라는 의미가 아니다. 꿈이 있고, 그것을 위해 노력하는 것은
내 삶에, 더 좋은 미래에 대한 희망이 되기에 중요한 일이다. 꿈을
꾸고 노력도 하되 다만 지금의 현실 속에 있는 나 자신 그대로를 인

꽤 괜찮은 사람의 유쾌한 반성

정하고 만족하면서 목표를 갖는 것이 진정으로 행복할 수 있다는 것이다.

그리고 더 중요한 것은 꿈을 가질 때 그 꿈의 주인은 내가 되어야 한다. 다른 사람의 기준에 충족되는 꿈은 내 꿈이 아니기 때문이다. 나의 기준에서 내가 즐거울 수 있는 목표를 정하고 그 과정을 진정으로 즐길 때 그 꿈도 나에게 행복을 줄 수 있는 것이다. 그리고 그렇게 노력하는 과정에서 이미 나는 또 한걸음 성장할 수 있다.

02

내 소원들 중
하나만이라도

모든 삶의 조건이 완벽한 상태가 존재할까. 나는 완벽한 조건이 있는 줄 알았었다. 내 기준에서의 완전한 상태를 항상 꿈꿔왔었다. 그 상태가 되면 그때부터 내 인생은 진정으로 시작된다고…. 그런데 도대체 그때는 언제일까 궁금했고, 그 상태는 오지 않을지도 모른다는 생각이 들면, 상상해온 인생은 시작도 못 해보는 건가 전전긍긍하고 불안해했다.

나 스스로 만족할 수 있는 (내 능력에 비해) 높은 기준을 만들었고 그 기준에 도달하지 못하면 그것은 진짜 내가 아니라고 생각했다. 그 높은 기준으로 달려가느라 버거운 삶을 살았다.

그런데 시간이 흐를수록 내가 꿈꾸던 완벽한 사람이 아닌, 그냥 완벽주의자가 되어가고 있었다. 정작 내 인생의 주인공인 내가 아니니 매 순간마다 칭찬이나 격려는 없이 스스로에게 채찍질만 할 뿐이었다. 그때마다 행복하고 기쁘게 맘껏 웃을 수가 없었고, 아직 나의 인생을 시작도 못 해보게 만든 나 자신을 미워하며 살게 되었다.

고등학생일 때는 평범한 학생이었지만 조그만 일에도 만족을 느끼고, 걱정이 없이 마음껏 웃으면서 살았다. 모든 순간을 즐겁게 즐기고 작은 것에도 깔깔거리고 웃었고, 하고 싶은 것이 있으면 다 했었다.

여기는 내가 있을 곳이 아냐

대학 졸업 후 취업을 해서 영어강사로 일할 때도 나름대로 즐기면서 일을 했었고, 보람을 느낄 때도 있었다. 그러나 공립학교에서 근무할 때 그곳에 있는 교사의 대부분이 서울대학교를 졸업하거나 해외유학파 출신이었다. 그들은 학부 졸업과 동시에 임용고사를 합격한 사람들이었다. 그들은 천생 교사였다. 실력도 있었다. 게다가 인성도 좋았고, 열정적이었다. 학생들을 진정으로 사랑했다. 그리고 나를 존중해줬다.

나는 평범한 대학교 영문과를 졸업하고, 영어교육 석사를 졸업해서 정교사 자격증이 있고, 테솔(TESOL-영어를 모국어로 하지 않는 사람에게 영어를 가르치는 교수법) 과정을 졸업하고, 교육청에서 시행한 영어회화 전문강사 공개채용시험에 합격해서 발령을 받아 배치되었다.

처음에 신규 연수를 받을 때는 장학사의 격려에 희망을 느껴서 열정적으로 일했지만, 경력이 쌓이면서부터 점점 일반 교사들과 내가 다르다는 것을 느꼈다. 다수인 교사들과 혼자만 영어강사인 나를 스스로 비교하게 되었다. 그리고 어느새 나의 조건이 그들처럼 완벽하지는 못하다는 생각이 들기 시작했다.

나도 그들과 같은 교사자격증이 있고, 같은 업무를 하고 있는데 나보다 경력도 없고, 나이도 어린 신규교사들에 비해 처우가 낮다는 현실을 느끼기 시작했다. 나도 모르게 불만이 생겼다. 영어과 회의에 들어갈 때는 같은 학년을 맡은 교사들 4명 중에 3명이 신규로 임용된 교사들이고 1명이 나였다. 그 학교에서 내가 더 오래 일했던 사람이었지만 강사라서 거의 발언을 하지 못했고 그들의 이야기만 듣고 따라야 할 때가 많았다.

회의 때 대화를 해보면 그들은 학창시절에 줄곧 1등만을 해온 수재들이었다. 나는 고등학교 다닐 때 평범한 학생이었기에 수업시간에 어떤 선생님께 배우는가에 따라 그 과목이 좋아지기도 하고, 성적과도 연결된다는 걸 안다. 그래서 교사의 역할이 보통의 학생들에게 얼마나 큰지 누구보다 잘 알았다. 나는 누구나 영어를 쉽게 접근하고 그들을 이해시키는 것이 수업에서 가장 중요하다고 생각했다. 왠지 학창시절에 수재였던 신규교사들이 나와는 다른 부류의 사람으로 느껴졌다.

예전 학교에 있었던 교사들은 교사든 강사든 상관없이 서로 아이디어를 주고받고 연구해 나가던 분위기였는데 이제는 점점 달라지는 것 같았다. 어쩌면 나 스스로 그렇게 착각한 것일 수도 있다.

꽤 괜찮은 사람의 유쾌한 반성

당시에 학교에서 나 혼자 영어회화 강사였고 다른 사람들은 모두 교사였기에 나의 직장 내에서의 고충을 토로할 동료도 없다는 생각에 외로움을 느꼈다. 그래서 같은 영어 과목 교사들보다는 다른 과목 교사들과 더 친하게 지내고 같이 모임을 만들어서 여행도 다니며 지냈다.

나는 학교에서 귀에 걸면 귀고리, 코에 걸면 코걸이 느낌이었다. 교사들이 하루에 2~3개 수업하는 것에 비해 나는 강사라서 매일 5~6개 수업이 연속으로 짜여 있었다. 나름 전문적인 직업으로서 교육청에서 주관한 공채로 채용한 전일제 강사라는 이유로 교사들이 하는 담임, 부담임의 역할과 그 외 학생들 관리도 전부 교사와 똑같이 했다.

하지만 방학이면 영어회화 강사라서 다른 선생님들과는 달리 별도의 수업료를 받지 않고 원어민 교사와 함께 영어캠프를 운영해야 했고 교무실엔 언제나 나 혼자 일을 하고 있었다. 일은 2배로 하는 느낌이 드는데 연봉은 고정되어 있어 적당한 대우를 인정받지 못해 속상해졌다. 그리고 점점 무너지는 교권으로 학생들 관리에 힘이 들게 되고, 교사들 분위기도 개교 때 열정적이었던 것에 비해 많이 달라져 점점 지쳐갔다.

만약 주변사람들과 비교하지 않고 처음처럼 계속 내 모습 그대로를 소중하게 생각했다면 어땠을까. 그냥 나 자체의 모습을 인정하고 만족할 줄 알았다면 불행하다는 생각을 하지 않았을지도 모른다.

부모님은 내가 어학연수나 유학을 다녀오지 않았는데도 불구하고 열심히 공부해서 영문과 수석 장학생이 되고, 번역 일도 곧잘 하고, 국내에서 스스로의 노력만으로 유학파 출신 강사들이 할 수 있는 일인 영어로 영어를 가르치는 선생님이 되었다며 오히려 대견해했다. 항상 최선을 다하는 나를 자랑스러워했다.

그러나 나는 경력이 쌓이면서부터 점점 남들과 내 처지를 비교했고, 내 기준에서 한참 멀었다고 생각해서 부모님의 칭찬도 전부 불쌍한 나를 위로하는 거짓말로 들렸다.

나는 학생들에게 인기가 있었는데 그들 중에서 내게 진로상담을 하며 나처럼 되고 싶다고 말할 때 그들에게 고마웠지만 그냥 하는 말인 줄 알았다. 그리고 마음속으로 서울대학교를 졸업한 사람이나 유학파 선생님에게 배우지 않고 나에게 배워서 미안했다. 지금 생각해보면 그때 마음에 병이 들었었나 보다.

학생들은 어떤 선생님을 만나는가에 따라 영어가 좋아져서 하고 싶은 과목으로, 또는 보기도 싫은 과목으로 변한다. 내가 학생이었을 때 영어를 못해서 답답했던 때를 겪었기에 누구보다 보통 학생들의 심정을 알았다. 그래서 내 수업을 듣는 학생들에게만큼은 최대한 쉽게 이해시켜서 누구나 재미있고도 자연스럽게 영어를 받아들이게 하고 싶었다. 늘 여러 가지 아이디어를 짜서 만들고 그들에게 적용하는 것에 최선을 다했었다.

그래서 많은 학생들이 내 수업을 듣고 싶어 했고, 반을 옮겨오길

요청했지만 교실 인원이 한정되어 있어서 받아주지 못해 미안할 때가 많았다. 학기마다 받는 강의평가에서도 항상 최고 점수를 받았다. 학생들에게 친절하게 영어를 가르쳐주기 위해 열정을 다했고, 일에 자부심도 있었던 나였는데 어느 순간부터 점점 마음이 위축되었던 것 같다.

영문과 학생일 때부터 즐겨해 온 번역 일도 직장생활을 하며 슬럼프에 빠지자 그 와중에 내게 연락해서 번역해달라고 부탁하거나 영어에 대한 질문을 해오면 괜히 짜증이 났다. 그냥 지친 상태에서 그것조차 일로 느껴져서 그런 것이었는지 모르겠다.

'영어를 전공하면 영어에 대해서 완벽하게 다 알아야 하나?'

그런 마음이 들었다.

그냥 내 수준에서 열심히 일하고 그 성과도 인정받고, 학생들에 대한 보람도 충분히 느낄 수가 있었다. 좋게 생각해도 될 텐데 남과 비교하면서 나 스스로가 나 자신을 한없이 부족한 사람으로 만들고 있었다. 아무도 내게 못났다고 하지 않았었는데….

이렇듯 영문과에 재학했던 대학시절에 나는 그저 사회에 나가서 내가 배운 영어를 활용해 여러 사람들에게 기여하고 싶었고, 보람도 느끼고 싶다는 소망이 있었다.

직장 생활을 하면서도 처음에는 학생들에게 영어라는 것을 자연스러운 방식으로 재미있다고 느끼게 하는 것을 목표로 했었다. 그런 나의 열정을 학생들은 알아주었고, 성과도 있어서 보람을 느꼈었다.

그럼 언제부터 내가 불행을 느끼게 되었을까. 같은 직장에 있던 사람들의 학벌, 직급과 나의 학벌, 직급을 비교하면서부터 마음속은 지옥불에 떨어지고 말았다. 다른 사람과 나는 모두 다른 장단점을 가지고 있을 것이다. 그러나 학교에서 일했던 당시의 나는 행복의 기준을 오직 학벌과 정규직에 두게 되었다.

모든 기준을 동일선상에 놓고 단순비교를 하기 시작했더니 나는 하루아침에 학생들에게 유쾌하고 신나게 영어를 가르치는 즐거운 강사에서 열등감과 불만에 가득 찬 강사로 변했다. 충분히 즐겁게 일하고, 기쁨을 느낄 수 있는데 다른 사람들을 기준으로 삼은 후부터는 마음의 중심이 내가 아닌 비교 대상의 사람이 되었고, 나는 일을 하며 하루하루 감사했던 마음이 점점 사라진 것이다.

지금 일하고 있는 직장에서 처음 입사했을 때의 감사하는 마음보다는 직장 내의 사람들과의 비교로 마음이 괴로운 사람들이 있다면 내 마음속 행복의 기준을 다시 조정해 봐야 한다. 나와 다른 사람은 원래 다르게 타고났고, 다르게 살아왔기에 같을 수 없다. 남들과의 비교를 하기보다는 내가 그 일을 할 때 나름의 성과가 있고, 즐겁고 능숙하게 할 수 있다면 그것으로 기쁨을 느끼기에 충분한 것이다.

실제로 내가 교실에서 강의할 때 나의 가르침을 따르며 열심히 공부하던 많은 학생들을 보면 6시간 연속 강의를 할 때 목이 아프고 힘들어도 절로 미소가 지어지곤 했었다. 그들의 발전하는 모습을 보는 것으로도 충분히 기뻐하는 날이 많았다. 학생들의 시험기간에는

꽤 괜찮은 사람의 유쾌한 반성

쉬는 시간에 화장실에 갈 시간조차 없을 정도로 질문에 대답해주거나 보충자료를 만들어 주느라 바빴다. 학생들이 나의 노력을 알아주는 듯이 열심히 공부해서 영어실력이 올라가는 모습을 보면 뿌듯했었다. 교무실 안에서 다른 사람들과 비교하지만 않으면 나는 그저 강의를 잘 하고, 학생들이 나를 잘 따르는 즐거운 선생님의 모습이었다.

내 모습 그 자체로 자신의 신성한 일을 잘 하고 있다는 믿음을 가져보자. 마음가짐에 따라 그 일을 하는 내가 즐거운 사람이 될 수도 있고, 돈 때문에 그만두지 못하고 마지못해 끌려 다니는 불행한 사람이 될 수도 있기 때문이다.

모든 것이
행복했다

소박하지만 행복을 느꼈던 어린 시절

초등학교 때, 수업을 마치고 집으로 돌아오면 엄마와 동네 아주머니들이 우리 집 마당에 모여 자주색 고무 대야에 절인 배추를 넣고 사이사이에 빨간색 매운 양념을 묻히며 나를 반겨주곤 했다. 신발주머니를 손에 들었다가 심심해서 어깨에 걸치고 그 상태로 철대문을 열었더니 아주머니들이 엄마와 열심히 김장을 담그며 인사했다.

"면이 왔어? 우리 모범생 면이 학교 끝났구나. 아이고, 이뻐라. 신발주머니는 왜 어깨에 걸쳤니. 하하하."

나는 인사를 드리고 나서 그냥 '씨익' 웃으면서 현관문을 열고 들어가려 하면, 시험을 잘 봤는지 물으셨고 이번에도 1등이겠다고 칭찬하셨었다.

엄마는 내가 학교에서 돌아오면 설탕 친 토마토와 얼음이 담긴 미숫가루를 타서 주곤 했다. 마당에 있던 장독대에 그날 담근 김치를 넣었고, 간장과 된장도 직접 담가서 다른 항아리에 담았던 기억이 난다. 간장을 달이는 날은 온 동네에 그 특유의 퀴퀴한 향이 퍼져서 코를 찔렀다.

엄마는 자주 평상에서 콩나물도 다듬었고, 이웃 아주머니들과 이야기 하면서 동생과 내가 다치지 않는지 아기용 3발 자전거를 타는 모습을 지켜봤단다. 이웃 아주머니들도 평상에 나와 서로 얘기도 나누고, 부침개도 부쳐 먹으면서 시간을 보낸 적이 많았다.

여름이면 더워서 저녁식사 후에 밤이 되면 아버지는 가족들을 데리고 피서를 갔다. 동네 근처에 있던 공주능에 주로 갔다. 공주능은 옛날 공주의 능이었고, 그 바로 옆에 '드림랜드'라는 놀이공원이 있었는데 그곳은 초등학교 때 단골 소풍장소이기도 했었다. 공주능에 갈 때는 배드민턴 채와 공을 가져가서 두 명씩 주고받으며 여름을 보냈다. 공주능보다는 좀 멀었지만 산 중이라 더 시원한 '도선사'라는 절에도 가끔씩 가서 은색 빛나는 정사각형 돗자리를 깔아놓고 통닭과 수박을 먹었던 기억도 있다.

부모님은 비록 돈이 없어서 좁은 골목에 있는 오래된 주택의 한 구석에 있는 방 한 칸에서 신혼생활을 시작했지만 나와 동생까지 4명이 골목과 동네를 마당 삼아서 나름대로 즐겁게 살았기에 삶을 긍정적으로 느끼며 살게 되었다. 나도 그때부터 낙천적인 성격이 형성된 것 같다.

내 인생의 소중한 순간마다 함께하셨던 아버지

장발 머리에 흰 피부, 적당한 키에 호리호리한 몸의 꽃미남 스타일이었던 아버지는 월계동에 있던 상업고등학교의 상과 선생님이었다. 집과 거리가 멀지 않아서 늘 자전거로 출퇴근했다. 아버지는 늘 오후 4시 30분이 되면 신데렐라처럼 집에 등장했다. 엄마는 아담한 키에 마른 몸, 긴 목을 가지고, 1980년대에 유행이었던 큰 잠자리안경을 썼고 그 당시 엄마들이 하는 짧은 커트펌 머리스타일이었다. 엄마는 나와 남동생과 있으면서도 늘 아침마다 집 한구석에 있던 부엌에서 아버지 도시락을 챙기고, 항상 화장을 하고 있었다. 아버지가 퇴근하기 전에 우리는 어질러진 집을 깔끔하게 정리하고 항상 아버지를 맞이했다.

아버지는 집에 돌아오면 함께 저녁을 먹고 나서 자전거의 앞과 뒤에 주황색 플라스틱으로 둥글게 된 안장에 앞자리에는 나보다 더 몸집이 작은 남동생을, 뒷자리에는 나를 앉히시고 골목골목을 달리곤 했다. 자전거 위에 앉아서 달리다보면 큰 길에는 주택은행, 독일안경점, 장위동교회, 뉴바바사진관, 족발집이 나왔고, 위에 언덕진 길을 주욱 따라 올라가다보면 동방고개라는 고갯길이 나오는데 그곳은 구비지면서 계속 오르막이다.

그 길에는 내가 다녔던, 장곡초등학교가 있었고, 조금 더 오르면 자주 가던 음반점이 나온다. 그 음반점은 내가 라디오를 듣다가 좋은 노래를 들으면 당장 달려가서 음반을 샀던 단골집이었다. 1990

꽤 괜찮은 사람의 유쾌한 반성

년대에 유행가요가 나오면 함께 출시되었던 노란 악보를 팔았는데 피아노를 치기 위해 악보를 자주 구입했었다. 〈한국을 빛낸 100명의 위인들〉, 〈독도는 우리 땅〉이나 김건모의 〈핑계〉, 박미경의 〈이브의 경고〉, 영턱스 클럽의 〈정〉을 사서 집 마루에 있던 갈색 영창피아노를 치면 그 소리가 동네에 퍼졌었다.

오르막길에서 다시 내려와 집에 돌아가는 길은 내리막길이라 엄청난 속도로 바람을 갈랐고, 동생과 나는 롤러코스터를 타듯이 좋다고 소리를 질렀다.

방학이 되면 일단 밤 9~10시에 잠들고 낮 2~3시쯤 일어나는 것이 일상이었다. 그렇게 자지 않으면 피곤해서 잘 움직이지 않았기에 아빠는 나를 깨우지 않았다. 다만 방학숙제에 도움이 되는 라디오 방송이 오전에 나왔는데 그 시간에 맞춰서 틀어둘 뿐이었다. 나는 오후에 일어나지만 자면서 꿈으로 그 내용이 나왔고 아빠에게 꿈이야기를 하면 "그래. 그게 오늘 교육방송 내용이야." 했다.

학교에서 배우는 것을 숙제로 할 때가 재미있었다. 방학 때는 특히 탐구생활이라는 책을 과제로 받아서 개학식 날 제출해야 했는데 거기에 여러 가지 내용들이 재미있어서 책 사이사이에 과제물을 붙인 것이 불어났고 개학날이 되면 그 책의 두께가 2~3배 정도 부풀기 일쑤였다.

아빠가 교사다 보니 방학 때 우리를 돌볼 수 있었다. 아버지와 함께 진한 갈색 앉은뱅이 상을 펴놓고 글씨연습도 하고 그림일기도 썼다. 아빠는 내가 궁금해 하는 것을 질문할 때마다 사전처럼 대답을 잘 해주었다. 그래서 아빠가 척척박사인 줄 알았다. 조금씩 커가면서 어릴 때는 친했던 동생과 티격태격 다툴 일이 많아졌고 아빠는 우리가 싸울 때마다 타이르고, 혼내기도 했다. 아빠는 엄격한 엄마와는 달리 여린 성격이라서 혼을 내기위해 투명하고 얇은 학습용자를 잡았지만 부들부들 떨다가 결국 사랑의 매를 쓰지 못했다. 우리가 맞아도 안 아플 곳을 찾느라 한참을 보내다가 끝내는 발바닥을 택했다. 그마저도 우리가 움직여서 치지 못했다.

어느 날은 우리가 심하게 싸우고 아빠 말씀도 듣지 않자 딱 한 번 아버지의 눈물을 본 적이 있었다. 죄송해서 그때부터는 싸우지 않고 동생과 친하게 지내려고 했던 기억이 난다.

이렇듯 나는 가정적인 아버지의 모습을 보며 자랐다. 그는 배우자와 자녀에게 권위만을 내세우지 않고 뒤에서 묵묵히 챙겨주었다. 가족들에게 돈만 벌어주면 다가 아니라 우리와 함께 보내는 시간이 많아서 행복했다.

끝까지 기다려준 선생님

어릴 때 몸이 마르고 음식을 잘 안 먹었다. 무리해서 움직이면 피곤해서 잠을 많이 자야 했다. 엄마는 그런 나를 항상 걱정해서 몸에 좋은 음식을 먹이려고 타이르기도 하고, 혼도 내보고, 어르신들 조언대로 며칠간 밥을 안 먹어도 참고 지켜보기만 하다가 내가 먹고싶을 때 먹게 한 적도 있지만 쉽게 달라지지 않았다. 그래서 동네 약국에서 입맛 돌게 하는 영양제는 종류별로 다 내 차지였다. 짜 먹는 아토실, 사탕같이 생긴 영양제, 큰 한의원에서 지어온 키 크는 환, 머리가 좋아진다는 총명탕, 입맛을 돋우기 위한 각종 보약을 철마다 지어오셨다. 엄마가 한약을 먹는 모습을 지켜볼 때는 먹다가 잠시 자리를 비울 때면 입맛이 넘쳐났던 동생에게 양보했다. 그는 쓰디쓴 보약마저도 맛있다며 웃으면서 받아먹곤 했다. 그런 그가 나에게는 혼나는 것을 막아주는 방패이자 구세주였다. 보약 일은 엄마는 아직까지도 모를 것이다. 우리만의 묵시적인 거래였고, 그것은 비밀이었다.

초등학교 저학년 때는 도시락을 싸가야 했었다. 당시에 엄마는 내가 고기만 몇 점 먹고 아무것도 안 먹는다는 것을 알아서 조금이라도 더 먹으라고 아침부터 삼겹살을 구워 쌈장과 함께 도시락 반찬으로 자주 싸주었다. 그래서 항상 내 도시락은 인기였다. 친구들끼리 여럿이 나누어 먹을 때 내가 먹을 틈도 없이 반찬들이 사라져서 나는 조금만 먹어도 되었기에 좋아했다. 2교시가 끝나면 어김없이 서울우유가 나왔는데 그때가 싫었다. 그래서 책상서랍에 우유를 차곡차곡 넣어놓다가 보름 정도가 지나 우유가 서랍에 가득 차면 버렸다. 어떤 때는 학교 근처에 있는 포장마차에 가서 그날 받은 우유를 포장마차 아주머니에게 갖다주면 설탕 뿌린 핫도그로 바꿔줬기에 그 방법을 택할 때도 있었다.

고학년이 되자 급식을 먹는 것으로 바뀌었고 나에게는 고역이었다. 4교시가 끝나고 점심을 받아 내 책상에 놓고 깨작깨작 먹다 보면 어느새 점심시간이 끝나고 종이 쳤다. 5교시가 시작했는데 나만 아직도 숟가락을 놓지 못했다. 담임선생님은 잠시 내 모습을 보더니 수업 진도를 나간다. 그래도 급식을 남기지 않고 끝까지 먹었다. 선생님이 귀한 음식이라 남기면 농부들이 슬퍼할 거라고 했기 때문이다. 5교시가 끝나자 마침내 퇴식을 한다. 어떤 때는 6교시까지 계속 먹은 적도 있었지만 한 번도 선생님은 혼내지 않았다. 식사를 마치면 선생님은 나에게 칭찬해주었고, 모두가 박수를 쳐주도록 한 적도 있었다.

지금 생각해보면 그랬던 덕에 음식에 대한 거부감 없이 지금껏 건강하게 지낼 수 있었던 것 같다. 그 후로 점차 식사량도 늘었고, 자연스럽게 속도도 남들과 비슷하게 변해갔다.

내게 이렇게 좋은 부모님, 선생님이 있었기에 지금 건강하게 살고 있는 것이라는 생각을 하면 아무리 힘든 일이 생겨도 한줄기 희망의 빛을 발견할 수가 있다.

사회생활을 하면서 마음이 지치고, 한창 힘이 들 때가 있었다. 그때는 눈앞에 닥친 현실만 보일 뿐 예전에 행복했던 기억들은 쉽게 머릿속에서 떠오르지 않았다. 안정적인 직업을 갖는 것도 어렵고, 아무리 열심히 일을 해도 제자리걸음을 하는 것만 같았다.

지금 이런 현실을 겪고 있는 이가 있다면 그들에게 꼭 말해주고 싶다. 늘 열심히 살고 있는 당신은, 지금의 상황에서도 잘 견디고 있는 당신은 대단한 사람이라고. 어려울 때일수록 눈을 감고 잠시라도 내가 행복했었던 때를 떠올려보면 힘이 솟았다. 분명히 우리에게는 소소하고 행복했던 기억이 있다. 그 기억만으로도 다시 일어날 수 있는 힘이 생길 것이다. 우리는 원래 그런 사랑받을 만한 소중한 존재이기 때문이다.

세상은
나의 것

외할머니의 사랑

내가 태어났을 때 신생아실에서 나를 보고 부모님과 외가식구들은 이목구비가 뚜렷하고 예쁜 아기가 나왔다며 기뻐했고 감탄했다고 한다. 외할머니는 내가 어릴 때 나를 데리고 대구시 남구에 있던 동네를 한 바퀴씩 돌며 손녀딸을 미스코리아가 될 거라고 자랑하기 바빴다. 내가 좀 더 커서 학생이 되자 아나운서가 똑똑하다고 생각했는지 아나운서로 바뀌었다. 그 후 내가 영문과를 졸업한 뒤 영어 강사를 할 때는 할머니 집 근처 시장에 갈 때마다 자랑스러워했다.

"우리 외손녀입니더, 인사해래이. 영어 선생이라예."

양장점댁 아들이 사법고시를 통과하면 나랑 결혼시킨다며 미리 점찍어두기도 했다.

외할머니는 내가 첫 손주라서 특별히 예뻐했다. 가는 곳 어디라도 나를 데리고 나갔고, 나와 함께 놀아주는 모습이 찍힌 사진이 많았다. 외할머니는 알츠하이머에 걸리고 얼마 안 되어 하늘나라에 갔지만 그녀에 대한 기억은 아직도 내게 생생하게 남아있다. 알츠하이머로 병원에 입원해서 누워있을 때 내 얼굴을 보더니 나를 알아보고는 빙긋이 웃었다. 외할머니가 예전보다 작은 소리로 내 이름을 나지막이 부르며 손을 내밀었었다. 그때 항상 나를 믿어주고, 내가 무엇이든 잘할 거라고 응원해주셨던 게 생각났다.

박경림의 칭찬

내가 태어나기 전, 부모님은 결혼하기 전부터 광화문 덕수궁 옆에 있던 소담하고 성당같이 고풍스러운 느낌의 교회에 다녔다. 어느 날 재개발로 교회가 성북동으로 이사를 가게 되었다. 그래서 나는 어린 시절부터는 성북동으로 교회를 다녔다.

중학생 때 교회에서 중등부 아이들과 선생님이 교육관에 모여 둥그렇게 둘러앉아서 이야기도 하고 게임도 하고 있었다.

그때 대학청년부 오빠가 오더니 그 당시 인기 있는 연예인 '박경림'과 일요일 아침에 방영하던 연애 짝짓기 프로그램에 나가서 친해졌다며 박경림을 데리고 와서 우리에게 인사시켜 주었다. 그녀가 등장하면서 교회 중등부 선생님이 반가워하더니 둥글게 모여 있는 우리를 가리키며 여기서 앞으로 연예계에 진출하면 잘 될 사람이 있다면 한 명만 뽑아달라고 했다. 그때 박경림은 가만히 앉아있던 나를 지목하면서 앞으로 연예계에서 대성할 것 같다고 해서 나도 놀라고 친구들조차 놀랐다.

쑥스러움이 많고 교회에서는 조용한 편이라 그날도 그냥 말없이 앉아만 있었다. 중학교 두발규정으로 검은색 단발머리에 엄마가 사주신 무난한 카키색의 아무 무늬가 없어서 튀지 않는 재킷과 청바지를 입고 있었다. 그 말을 듣고 선생님은 자신도 그리 생각한다면서 박수를 치며 기뻐했고 나에게 피아노 치는 특기가 있다면서 쳐 보라고 자랑스럽게 말했다. 부끄러웠지만 선생님 말씀이니까 피아노를 짧게 연주했다. 이름을 물어보며 나에게 사인을 해 줬는데 이름이 특이해서 기억하겠다고 말해줘서 기뻤다. 이 일로 나는 내가 잘나지도 않은 평범한 사람인데도 불구하고 누군가에게 가능성을 인정받은 느낌이 들어서 내가 꽤 괜찮은 사람이라는 생각이 무의식에 자리 잡았다. 이 기억은 내가 절망을 했을 때 일어나게 만드는 힘이 되었다.

살면서 사람들에게 배신을 당했거나, 열심히 살았는데 그것을 아무도 알아주지 않아서 상처를 받은 적이 있을 것이다. 그럴 때는 사람들이 내게 따뜻하게 인사를 건네주었거나 칭찬을 해 주었던 기억을 떠올려본다.

공주님 우리 공주님

순수했던 나의 첫사랑

초등학교 때 수업을 마치고 운동장에서 노는 것이 일상이었다. 3
학년 어느 날이었다. 그날도 학교운동장에 있는 철봉과 구름사다리
를 타며 친구와 놀고 있었다. 내가 좋아하던 아이가 마침 그의 친구
와 달리기 연습을 하고 있었다. 그는 키도 적당하고 호리호리한 몸
에 날렵한 턱선을 가지고 있었다. 학교에서 달리기를 할 때 매번 1
등을 할 정도로 잘했다. 나도 그 당시 마른 몸에 키가 조금 큰 편이
고 가무잡잡한 피부를 가지고 있었다. 워낙 마른 몸으로 가벼워서인
지 단거리 달리기를 잘 하는 편이었다.

그는 철봉 옆에서 달리고 있는 나에게 달려와서 평소처럼 "면면
면자로 끝나는 말은~ 라면, 쫄면, 짜장면, 냉면, 인간 ○○면~"하

면서 노래를 개사해서 나를 놀리던 '남경면 송'을 불렀다. 개명 전의 이름인 경면에서 따서 놀리는 것이었다. 그러더니 어느새 나보다 훨씬 빠른 속도로 달려가서 거의 안 보일 듯 사라져가는 그 아이를 따라잡기 위해 뛰어갔지만 그는 점점 더 작게 보였다.

매번 그가 놀릴 때면 싫은 척하긴 했었지만 사실은 그가 나를 놀려서 얄미운 게 아니라 빠르게 달리는 모습이 왠지 멋있어 보였다. 그 모습은 마치 영화 〈마스크〉에 나오던 주인공 '입키스'가 초록색 가면을 쓰면 엄청나게 바람 같은 속도로 회오리치며 달리는 모습 같았다. '입키스'는 좋아하는 여자가 있었는데 그녀에게 관심을 끌 때 빠른 속도로 그녀 주변을 돌며 변신도 했다가 여러 가지 춤을 추며 매력발산 시간을 가졌는데 그 장면이 떠올랐다.

집으로 돌아가는 길에 그의 집은 다른 방향인데 우리 집 방향으로 따라 걸어오는 것이 보였지만 모른 척했다. 집에 거의 다 왔을 무렵에 그는 나에게 무슨 말을 걸었다. 그의 옆에 있던 친구는 그가 나를 좋아해서 집까지 따라왔다며 놀리듯이 말했다. 나는 쑥스러워서 무슨 말을 했었는지 기억이 가물가물하다. 수줍음이 많던 나는 대답도 못하고 그냥 대문을 열고 얼른 들어가 버렸다.

풋풋한 첫사랑의 기억을 떠올리면 기분이 좋아진다. 누군가와 순수하게 좋아했던 때가 있어서 감사하다. 좋아하는 친구가 있어서 학교에 가는 것이 더 즐거울 수 있었고, 아름다운 추억도 많아졌다. 그 덕분에 나의 학창시절이 조금 더 사랑스러워진다.

귀찮았던 동생이 나를 지켜주는 존재가 되다

내 동생은 누나가 있어서 좋다고 한다. 형이 있는 친구들은 심부름시키고, 때리기도 하는데 누나는 그러지 않아서 좋단다. 연년생이라 아기 때부터 항상 붙어 다녀서 귀찮기도 했는데 성인이 되고나서는 각자 학교에 다니느라, 동생이 군대 가느라, 각자 취업해서 일하느라, 직장 근처에 독립해 사느라 함께 보내지 못했다. 그래서 옛날에 좀 더 잘해줄 걸 싶기도 하다.

지금도 동창들을 만나면 다들 동생 잘 있냐고 안부를 물을 정도로 내 친구들과 놀 때 동생도 따라간 적이 많았다. 고등학교 입시준비를 할 때조차 나는 친구들과 셋이서 노량진 학원에 다녔는데 그곳까지도 동생이 같이 다니고 싶어 해서 데리고 다녔다. 심지어 엄마가 사준 휴대폰도 나와 같은 기종이었는데 컬러링 곡까지 나를 따라서 똑같은 것으로 했었다.

초등학생일 때 동생은 용돈을 받으면 집 근처에 있는 농협에 가서 적금을 부었고, 그 모은 돈으로 집에 필요한 비디오기계를 산 적이 있었다. 군대에서 받은 적은 급여로 펀드를 들어두고 나머지는 어머니께 선물까지 사 드리던 아이였다.

초등학교 저학년 방학 때 나와 둘이서 서울 우리 집에서 출발해 외할머니가 사는 대구까지 기차를 타고 갔다 온 적이 있었다. 나는 겁이 많아서 혼자라면 못 갔을 것이었지만 동생을 의지해서 갔다 왔다. 무사히 돌아와서 동생이 정말 듬직하게 느껴졌다. 그때 대구에서 서울로 돌아오는 기차를 탔는데 내 자리에 모르는 지갑이 있었다. 그걸 가지고 집까지 와서 근처 경찰서에 갖다주었더니 부산에 사는 어떤 할아버지가 지갑의 주인이었다. 그분은 지갑을 찾으러 서울까지 올라왔다. 나와 동생이 같이 그 할아버지를 만났고 그는 우리가 착하다고 기특해했다. 고맙다며 용돈도 5만 원 정도를 주었고, 족발집에서 족발을 사 주었다.

초등학생 때 부모님이 사준 예쁜 방울모양의 머리끈을 학교에 하고 간 적이 있었다. 내 앞자리에 앉아 자주 내 물건들을 빌려가서 잘 안 돌려주는 여자애가 있었다. 그것을 빌려가더니 다음날 그게 자기 부모님이 사다준 거라고 자랑을 하는 것이었다. 매번 그런 식이었지만 같은 반 친구라서 겨우 참았으나 수업시간에 내 바로 앞자리에 앉은 그 애의 뒤통수를 한 대 콩 쥐어박고 싶기도 했다. 나는 어려서부터 내 물건에 대한 애착이 강해서 가지고 놀던 종이인형을 엄마가 낡았다고 한 번 버렸다가 울고불고 거의 죽을 듯이 난리를 쳐서 다시 쓰레기통에서 주워온 일이 있었을 정도였다. 그런 내가 그 친구의 행동을 이해하기는 힘든 일이었다.
그랬지만 싸우지는 않고 참으면서 집에 왔는데 동생이 있길래 그 일을 얘기했다. 그런데 갑자기 초인종이 울렸다. 그 친구가 찾아와서 또 뭔가를 빌려달라고 했다. 기가 막혀 하는 것을 동생이 보더니 마당에 있던 싸리빗자루를 들고 대문을 향했다. 문을 열고는 여기 못 들어온다고 당장 집으로 돌아가라고 소리쳐 쫓았다. 나는 속이 다 시원하다며 동생과 손바닥을 치며 하이파이브를 했다.

　교회 친구를 만나면 동생이 비오는 날 자기는 비를 맞아도 내가
비 맞으면 안 된다고 따라다니며 우산을 씌워주던 모습이 기억이 난
다며 이야기한다. 대학생이 되어 친구들과 놀다가 밤늦은 귀가 시간
이 되면 동생에게 전화를 했다. 지하철역에서부터 집까지 걸어서 10
분 정도 되는데 골목이 어두워서 무서웠기 때문이다. 동생은 언제나
전화를 받자마자 달려왔고, 발이 약해서 수술했을 때는 하루 종일
딱딱한 구두를 신고 다녀 물집이 난 것을 보고 나를 업고 가기도 했
었다.

　초등학교 5학년 때부터 시력이 떨어져 공부할 때는 안경을 쓰고,
대학생이 되어 렌즈를 꼈다. 그럴수록 눈이 더 나빠져서 결국 심하
게 마이너스 도수로 떨어지게 되었다. 안 되겠다 싶어서 라식수술을
알아보려는데 왠지 무서워서 동생과 큰 안과에 갔다. 의사는 내 각
막이 너무 얇아서 원추각막이라며 수술을 할 수 없는 눈이라고 했
다. 다른 안과도 마찬가지의 진단을 내렸다. 절망스러운 마음으로
울기 직전인 나에게 동생은 위로의 말 대신 병원 근처였던 혜화역
CGV에 가서 영화를 보자고 했다. 영화를 보고 우울함을 잊었고, 얼
마 후에 서울 밝은 세상 안과에서 내 눈이 라섹 수술을 할 수 있다고
진단했다. 라섹 수술을 한 후 지금까지도 양쪽 1.5 이상을 유지하고
있다. 렌즈나 안경 없이도 볼 수 있다는 것이 아직도 아침마다 신기
하다.

공무원시험에 도전 중일 때도 힘이 들면 동생에게 전화해서 위로를 받고 힘을 낼 수가 있었다. 지금 글쓰기를 시도하게 된 것도 내가 낙심하고 있을 때 동생이 권유해서 도전하게 되었다. 싸울 때도 있지만 동생의 존재는 내게 큰 버팀목이다. 동생을 낳아주신 부모님께 감사한다.

학창시절을 꽃길로 만들어준 천사 선생님

초등학교 6학년 담임선생님은 나에게 칭찬을 많이 해주었던 따뜻한 분이었다. 목사님 사모님이었던 선생님은 40대의 나이에 하얀 피부를 가진 짧은 커트펌 머리스타일이었다. 늘 정장으로 깔끔하게 다녔었고 글짓기를 좋아하던 내게 논술이나 글짓기, 독후감 대회가 있을 때 도전해보라며 격려해주었다. 입상할 때도 누구보다 기뻐했고, 인자하게 웃으며 내게 축하해주었다.

수업이 끝나면 교실에 남으라고 해서 선생님이 반 아이들의 숙제를 검사하는 동안 내게 작은 임무를 주었고, 나와 몇 명의 모범생이었던 친구들은 그것을 놀이처럼 재미있게 했었다. 가끔은 선생님과 몇 명의 친구들은 가까이에 소풍을 갔었던 기억도 난다. 인자했던 선생님이 좋아서 선생님의 딸이 나와 동갑이었는데 이름이 '수정'이라는 것을 알게 되고나서 나도 이름이 '수정'이었으면 좋겠다고 생각한 적도 있었다. 영문과를 졸업하고 강사를 하게 된 것도 선생님에게 받은 좋은 영향 때문임이 확실하다.

연애를 통해 자존감이 높아지다

대학교 1학년 겨울방학 때 일이다. 놀이공원을 좋아하던 내게 같은 과 친구가 롯데월드에 아르바이트를 지원한다고 했고, 나도 덩달아 지원해서 합격을 했다. 그곳에서 아르바이트를 하면서 함께 일했던 사람 중에 한 명이 가끔씩 나를 챙겨주었는데 정이 갔다.

일을 그만두고 나서 어느 날 우연히 그와 연락이 닿아서 만나게 되었고, 그때부터 연애를 6년 정도 했다. 대학에 다닐 때는 거의 매일 만났었고, 그의 동네인 잠실에서 우리 집 상계동까지는 1시간 반 정도가 걸리는데 항상 아파트 현관 앞까지 데려다주었다. 그래서 아예 우리 동네에 와서 만나는 일이 많았다. 나는 교회에 다녔고, 그는 무교여서 일요일이 되면 성북동에 있던 교회 앞에서 예배가 끝나기를 몇 시간이고 기다렸다가 나를 만나서 놀았고 늘 그랬듯이 우리 집까지 바래다주곤 했다. 말수가 적었지만 내가 원하는 것이면 뭐든지 해주려고 노력했다. 나의 이름, 내가 살던 동네, 열심히 사는 내 모습, 몸이 약해도 여러 가지 도전하는 모습, 하소연하는 것, 혼자 모노드라마처럼 만담꾼이 되어 말하는 모습들을 그 자체로 좋아해주었다. 나는 그에게서 내가 어떤 부분을 바꾸거나 고쳤으면 좋겠다는 말은 한 번도 들어 보지 않았고, 그저 내가 그를 좋아해주는 것에 고맙다고 말했었다.

그는 성격이 낙천적이라 한 번도 화를 낸 적이 없었다. 그래서 그와는 화가 나도 싸울 수가 없었다. 그는 원래 결혼이라는 것은 인생에서 중요하게 생각하지 않았었다.

그는 평소 욕심이 없었고, 대학교를 졸업한 후의 진로에 대해 별로 고민하지 않는 것 같았다. 나는 그의 전공분야에 맞는 자격증도 따자고 하고 같이 도서관에 다니면서 각자의 전공 공부를 했다. 그는 몇 차례의 도전 끝에 자격증을 땄고, 전공 관련 대학원에도 입학했다. 그리고 그것들을 바탕으로 제법 큰 연구소의 연구원으로 취업도 했다. 그의 부모님은 목표가 별로 없었던 아들이 여자 친구를 만나 열심히 도전해서 잘 되어간다며 기뻐하셨고, 그에게 취업 축하선물로 차도 사주었다. 그 후 우리가 곧 헤어지게 되자 그의 어머니는 두 번인가 나에게 연락을 했고 내가 다시 그와 만나고 결혼도 했으면 했었다.

비록 이별은 했어도 그는 만나는 동안 내 모든 것들을 소중히 생각하고 존중해주어서 나의 자존감이 올라갈 수 있게 해주었다. 늘 평온한 그의 성품 덕분에 나 역시 마음이 안정될 수가 있었다.

앞 장에서도 여러 번 언급했지만 나는 특별히 잘나지도 않은, 그렇다고 특별히 불행해서 고생을 많이 한 사람도 아니다. 그저 평범한 사람으로 살아왔다. 그런 사람이 책을 써서 사람들에게 무언가를 이야기 하는 것이 못마땅한 사람들도 있을 것이다. 얼마나 오래 살았다고 저런 말을 하지, 나에 비하면 고생한 것도 아니라고 생각할 수도 있을 것 같다.

하지만 언젠가 나는 "사람마다 고통의 양이 정해져 있다. 그것은 부자든, 가난하든, 많이 배운 자든 많이 배우지 못한 자든, 우리 모두는 공평하게 자기만의 고통을 지고 산다."는 말을 들은 적이 있다. 겉으로는 행복한 조건이 많을 것 같은 사람도 마음속을 들여다보면 고통 속에서 살고 있는 사람이 많다. 반대로 남들이 보기에는 불행해 보이는 사람도 실제로는 소소한 행복을 느끼면서 사는 사람도 있다.

어느 날 TV에 정신과 박사님이 나와서 강의하는 것을 본 적이 있다. 그분이 의대생 이야기를 해주었다. 한 여학생은 유명한 의과대학에 입학할 정도로 공부를 잘했다. 그러나 자존감이 너무 낮아서 자신에 대한 불신으로 늘 불안해했다. 평소에 자신은 늘 시험을 망칠 것이라고 믿으며 괴로워하다가 막상 시험을 보면 같은 전공 학생들 중에서 3등 안에 들었다고 한다. 그런데도 자신을 믿지 못하며 스스로를 학대하고 있었다. 학년이 올라가면서 전공을 나누는 학기가 되었다. 탈락을 한 사람은 유급이 되는 중요한 시험을 앞두고 있을 때였다. 그녀는 그때도 자신이 떨어질 것이 분명하다며 심각하게 상담을 받았고, 결국 시험을 봤는데 결과는 1등이었다고 했다. 그때조차 기뻐하지 못하고 끝없이 자책하고, 의심하며 스스로 마음속의 감옥을 만들고 있는 사례를 들었다. 그녀는 충분히 자신이 잘 해

내고 있는데도 자신을 믿지 못하고, 오히려 괴롭히고 있었다. 그 이야기를 들으니 겉보기에는 남부러울 것이 없는 사람인데도 마음 상태에 따라서 고통 속에 살아갈 수도 있다는 생각이 들었다.

나는 특별히 극심하게 불우한 인생을 산 것은 아니었지만, 인생에서 어떤 때는 행복을 느꼈고, 또 어떤 때는 마음 상태에 따라서 불행을 느낄 때가 있었다. 어떤 것에 도전했다가 성공한 적도 있었지만 목표를 달성하지 못할 때도 많았다.

다만 나 스스로 만족하면서 나의 길을 잘 걷고 있을 때 비로소 내가 남들에 의해서 흔들림 없이 기쁘게 살 수 있었던 것을 조금씩 알게 되었다. 이미 크고 작은 감사할 일들이 많은데 우리는 하루 중에 몇 번이나 떠올리며 살까.

사해

뜨거운 태양 아래
따듯하게 데워진 물

투명한 유리창같이
맑고 깨끗한 푸른 빛깔

바닷물 속 비춰진 몸이
그대로 동동 떠오른다

알같은 보석들이
물속에서 빛이 난다

세상 속 모든 때를
아무일도 없는 양 씻어낸다

순하디순한 어린양이
물속에서 걸어나온다

제2장

쓰러져도
아무 일 없는 듯이
일어나자

나의 미래 모습을 상상할 때 내가 수많은 공시생 중에 한 명이 될 줄은 몰랐다. 암 투병하는 일은 드라마에나 나오는 일인 줄 알았다. 알츠하이머로 기억을 잃고 죽게 되는 것은 영화 속 주인공이나 겪는 일이라 생각했었다.

대학을 졸업하고 취업할 즈음 이십대 중반이 되면 대학생 때부터 만나던 남자친구와 결혼을 해서 아기가 있을 줄 알았는데, 삼십대 중반이 될 때까지 혼자일 줄은 몰랐었다. 늘 잘 안 먹어서 걱정이라 해마다 입맛이 좋아진다는 보약을 먹어야 했던 비쩍 말랐던 내가 성인이 되어서 갑자기 20kg이 증량할 줄은 한 번도 상상해보지 못했었다.

내가 교통법규를 잘 지키면 한 번도 사고가 나지 않을 줄 알았지만 신호에 맞게 신호대기를 하고 있어도 다른 차에 의해 충돌하고 차를 폐차시켜야 할 줄은 예상하지 못했었다. 절친이었고, 명석하다고 믿었던 친구가 내 전 재산까지 주식으로 잃게 될 줄은 더더욱 몰랐었다.

 그리고 이렇게 책을 쓰고 있는 내 모습은 오래전부터 그저 막연한 꿈이었지만 해볼 엄두를 못 내었던 일이다. 하지만 지금 나는 작가가 되기 위해 이 예상치 못했던 일들을 글로 적고 있다. 이것이 내가 가장 예상하지 못했던 일이자 기적이 아닐까. 어쩌면 그동안 내가 겪은 크고 작은 경험과 아픔을 이렇게 글로 담을 수 있어서 이제는 더 행복을 느끼는 것일지 모른다. 이미 내가 가지고 있고, 누릴 수 있었던 소중한 것들을 잊은 채 방황하다가, 이렇게 글을 쓰기 시작하면서 나는 조금

꽤 괜찮은 사람의 유쾌한 반성

씩 신으로부터, 가족으로부터, 소중한 사람들로부터 내가 받았던 선물이 얼마나 많았는지 알게 되었다.

어느 날 TV 예능 프로그램에 나온 배우 '한고은'이 이런 말을 했다. 지금의 남편을 만나기 전까지 자신은 겉으로는 화려해 보이고 부러움을한 몸에 받았지만, 실제로는 톱스타의 자리를 유지하기 위해 엄청난자기관리를 해야 했고, 죽고 싶을 만큼 마음이 괴로운 적이 많았다고했다.

힘들 때마다 그녀는 이렇게 생각했다고 한다.

'하루만 더 버티자. 비록 오늘은 살기 싫을 정도로 고통스럽지만 어쩌면 내일은 달라질 수도 있지 않을까.'

그러다가 우연히 마흔의 나이에 자기를 이해해주고 편안하게 품어주는 사람을 만났고, 그의 가족들도 그녀를 사랑해주어 지금은 이런 생각을 한다고 했다.

'내가 이렇게 행복해도 되나. 혹시 꿈은 아니겠지. 하루라도 더 살고싶다. 지금처럼.'

매일 죽고 싶었던 그녀가 이제는 행복해져서 죽을까 봐 그게 가장 두렵다고 했다. 하루만 더 살다보면 나에게도, 우리에게도 그런 행복이 찾아올 수 있다고 믿는다. 내게 어떤 좋은 일이 생길지 기대해보고 싶다.

누구나
쓰러질 수
있다

책이나 TV를 통해 다른 사람들의 이야기를 접할 때가 있다. 아무리 잘 나가는 사람들도 항상 자기 마음대로 되는 것은 아니다. 살다 보면 자신의 바람대로 되지 않을 때도 있지만 그 시간을 잘 보내면 다시 좋은 순간들이 오는 것 같다. 물론 쉽지 않은 시간이겠지만.

좌절하여 쓰러지는 것은 누구나 겪는다 하지만, 다시 일어나는 것이 매우 중요하다. 똑같은 아픔이나 시련이 와도 그것에 어떻게 반응하는지에 따라 그다음 일의 방향이 결정된다.

이제까지 짧다면 짧고, 길게 보면 길 수 있는 내 인생에서 내 뜻대로 되지 않았을 때마다 그것을 어떻게 반응하고, 어떤 행동을 했는지를 생각해 봤다. 상황에 따라 달랐다. 절망해서 자신을 탓하며 괜히 세상에 대한 원망을 품을 때도 있었고, 그래도 잘 될 거라고 나를 위로할 때도 있었다. 나의 경우, 절망하고 삶을 비관했을 때보다 낙관적으로 생각했을 때가 힘든 기간이 짧았고 나빴던 일도 빨리 잊어버릴 수 있었다.

　미국의 링컨 대통령은 선거에서 7번 낙선할 때마다 그 소식을 듣고 나면 바로 식당에 가서 맛있는 식사를 했다. 그리고 나서 스스로에게 다짐을 했다고 한다.

"나는 실패한 사람이 아니다. 지금부터 시작하는 사람이다."

　이런 의지는 그가 끝까지 대선에 도전할 수 있었던 이유 중에 하나가 되었을 것이다. 낙선할 때마다 떨어진 사람이 아닌 다시 시작하는 사람이 되었던 그는 결국 대통령이 되어 지금까지도 존경받고 있다.

　나는 기독교인이고, 교회에 다닌다. 개인적인 생각으로 종교가 있어서 다행이라는 생각을 한 적이 많다. 믿고 있는 신이 있어서 늘 든든하다고 생각해왔다. 특히 두려움을 느낄 때나 절망할 때 더 절실히 신의 존재가 느껴진다. 인간으로서 혼자 힘으로 모든 것을 다 할 수는 없다.

　얼마 전 교회에서 들은 말씀 중에 기억에 남는 게 있었다. 신께 기도를 드린다고 누구에게나 찾아오는 어려움이 오지 않는 것은 아니지만, 고통스러울 때마다 신이 나와 함께한다는 말씀은 큰 위로가 되었다. 이제까지 나는 내가 원하는 것을 기도했었고, 그것이 이루어지지 않았을 때는 신이 내 기도를 들어주지 않았다며 실망했다. 그리고 서운한 마음으로 괜히 삐뚤어진 행동을 해서 후회를 한 적도 있었다.

그러나 이 말씀을 들으면서 생각이 바뀌었다. 어려울 때 신이 나와 함께하시니 비록 넘어져도 다시 일어나기가 쉽다는 생각이 들었다. 기도할 수 있는 신이 있기에 살면서 든든했고, 나에게 그 말씀은 위로가 되었다. 기쁠 때도 하나님을 찾게 되고, 힘이 들 때도 역시 찾는다. 내가 하나님을 찾을 때면 늘 나를 기다리시다가 바로 나에게 찾아오시는 것 같다. 신이 나에게 생명을 주셔서 내가 세상에 태어났고, 나처럼 모든 사람들이 다 귀한 존재라 믿는다.

언제부턴가 이렇게 생각하게 되었다. 세상에 태어난 것은 여행을 하는 것처럼 짧다고. 그 여행이 재미있으려면 내게 주어진 오늘 하루를 즐겁게 살면 되고, 내가 가진 모든 것은 여행지에서 빌린 것들이니 그것이 좋고 나쁘고를 비교하지 않고 내가 빌린 것으로 재미있게 즐기면 성공한 여행이 될 것이다. 물론 이 생각을 잊고 또 불평을 늘어놓거나 한숨을 쉴 때가 많지만 되도록 이런 마음가짐으로 살고 싶다.

몸을 움직이면 근심에서 벗어나 자유를 느낄 수 있다

우울할 때 기분 좋게 만드는 건강한 방법을 찾고 싶었다. 기분이 좋다가도 곧 상황에 따라, 때로는 사람들과의 비교로 우울하게 될 때가 많기 때문이다. 학교에서는 학생들이 시간표에 의해 움직인다. 시간표에는 여러 가지 과목들이 분포되어 있지만 그중에서도 '체육'

과목이 주기적으로 들어있다. 예전에는 움직이는 것이 귀찮고 그냥 앉아서 공부만 하면 되지 체육이 왜 있어야 하는지 몰랐을 때도 있었다. 그러나 햇빛을 받으며 운동을 해서 땀을 흘릴 때 스트레스가 해소된다는 것을 운동을 규칙적으로 해보고 나서야 알게 되었다. 그러고 나서 생각해보니 학교에서 근무했을 때 학생들이 교실 안에서 공부만 할 때는 답답해 할 때도 많았는데 나가서 활동을 하고, 체육 시간이나 쉬는 시간에 농구나 축구 등을 하며 땀을 흘리고 다시 교실에 오면 태도가 훨씬 밝아지고, 유순해지는 것을 많이 봤다. 나는 걸으면 스트레스가 해소되곤 한다. 자기에게 맞는 운동을 찾아서 그것을 주기적으로 하면 몸뿐만 아니라 정신적으로도 더 건강해질 것이다. 우울하고, 움직이기 귀찮을수록 더 움직이는 것이 좋다. 몸이 무기력해지는 느낌이 들 때는 일단 신발을 신고 문 밖으로 나가본다. 그럼 훨씬 기분이 좋아진다.

마음속 이야기를 털어놓자

운동도 우울함을 극복하는 것에 큰 도움을 주지만, 마음속에 있는 것을 다른 사람에게 털어놓으면 비록 그것이 해결된 것은 아니지만 한결 마음이 편안해진다. 한 명에게라도 말을 하고 나면 속이 시원해지고, 왠지 내 편이 있는 것 같은 기분이 든다. 마음속에 얘기를 털어놓다보면 나 스스로가 의식하지 못했던 나를 알게 되고, 이를 통해 생각이 정리되는 효과를 보기도 한다. 공부를 하면서부터는 사람들을 만날 시간이 없어서 주로 가족들과 식사를 할 때 고충을 이야기했었는데 그것도 계속할 수가 없을 때는 신께 기도하면서 이런저런 이야기를 했다. 그러고 나면 작은 일상에서의 고민들이 며칠 내로 좋게 풀릴 때가 있었다.

속마음을 남들에게 이야기하는 것이 부끄러운 사람은 종이에 글씨로 내 마음을 솔직하게 써보자. 그러다 보면 처음에는 큰 일로 느껴지던 것도 작게 느껴지는 체험을 하게 될 것이다.

책을 읽으면서 마음을 다독이자

책을 읽으면 혼자라는 느낌이 사라지기도 한다. 책 속에서 세상을 만나고 새롭게 배우는 것이 생기면서 나도 모르게 희망을 갖게 된다. 독자로서 작가와 공감하면서 위로를 얻는다. 때로는 안 좋았던 감정을 조절할 수도 있게 된다.

내가 직접 글을 쓰면서 해소되는 것도 크다. 자신의 생각과 감정을 글 속에 표현하면서 마음이 후련해지고 다시 안정을 찾으면서 좋은 생각을 글로 쓰게 된다.

실제로 나는 극단적인 생각에 휩싸였을 당시 《이제 나부터 좋아하기로 했습니다》, 《나는 왜 나를 사랑하지 못하는 걸까》 등의 책을 읽고 겨우 어둠에서 빠져나올 수 있었다. 일이 잘 안 되는 것 같고

꽤 괜찮은 사람의 유쾌한 반성

속상하다면 당장 서점에 가보자. 그리고 내가 듣고 싶었던 내용의 책을 골라 읽어보자. 그 책이 당신에게 한줄기 빛을 선물할 것이다.

기막힌 일을 겪을 때는 그냥 크게 웃어버릴 때도 있다. 내가 드라마나 시트콤의 인물이라고 상상하면서 그 상황을 희화화시키다 보면 희한하게도 그 사건이 그저 웃고 지나갈 에피소드에 지나지 않는다는 생각이 들고 더 이상 화가 나지 않는다. 학창시절에 친구들과 농담을 하고 수다를 떨 때 주로 나는 이런 방식으로 이야기했다. 스트레스를 푸는 것에 상당히 도움이 되었다. 다만, 말은 한번 내뱉으면 주워 담을 수가 없기에 말하기 전에 생각해보고 이야기 하는 것이 좋다.

사람의 뇌는 신기하게도 가짜로 웃는 척만 해도 정말 기쁜 것으로 느끼고 좋은 물질들을 내보내어 건강해질 수 있다고 한다. 그래서 '웃음치료'라는 것이 있을 정도다. 그냥 지금 한번 입꼬리를 올리고 눈가에 미소를 지어보자. 거울을 보면서 하면 더 효과적이다. 온갖 표정을 짓는 내 모습이 우스워서 금방 웃음이 나오기 때문이다. 마음은 괴로워도 가짜로 웃는 척을 하고 웃음소리를 내뱉고, 박수도 쳐보자. 지금 웃어보자. 웃다보면 웃을 일이 생기고, 웃음은 또 다른 웃음으로 이어진다. 그리고 당신의 그 웃음이 주변사람까지 전염시켜서 결국 모두가 웃을 날이 올 것이다.

02

영원할 줄 알았던
연애와 이별

누구나 만남과 헤어짐을 경험하듯이 나 또한 그랬다. 여고생이던 나는 공부를 아주 열심히 하는 학생은 아니었다. 명확한 꿈이 있지도 않았고, 순수한 로맨스를 하며 학창시절의 추억을 핑크빛으로 물들이던 낭만파도 아니었다. 그저 세상물정을 모르고, 순수하고, 단순하고, 주어진 대로 만족하며 살고, 나를 귀여워하고 재미있어 하는 친구들과 노는 것이 좋았던 학생이었다. 친구들과 좋아하는 노래도 공유하고, 같이 노원역이나 노량진 학원도 다니고, 함께 맛집에 가고, 방학이면 거제도가 고향인 친구의 집에 놀러 가서 옥수수도 먹고, 고3 수험기간 여름에 2002월드컵 경기를 보며 목에 핏대를 세워 응원을 하던 평범하고 웃음 많던 학생이었다.

남들은 학창시절에도 연애를 잘만 하던데 나는 연애에 숙맥이라서 가끔 드라마를 볼 때 부럽기도 했고, 나도 저렇게 사랑해봤으면 좋겠다고 상상했었다. 굳이 대학교에 입학하고 싶지는 않았지만 나

　　　　　　　　　　　　꽤 괜찮은 시람의 유쾌한 반성

에게 대학 캠퍼스 생활에 대한 환상을 심어준 건 그 당시 TV프로그램이었던 〈남자 셋, 여자 셋〉, 〈논스톱〉, 〈뉴 논스톱〉 등의 청춘시트콤이었다. 대학 기숙사에서 일어나는 일들, 또는 학교 근처 하숙집을 배경으로 학생들의 공부, 취업, 연애가 나오다보니 대학생활에 대한 기대감이 점점 커지기도 했다. 내가 원하던 학교는 아니었지만 꿈꾸던 영문과에 합격했기에 열심히 공부해서 통역사도 되고 캠퍼스 커플로 연애도 해보고 싶었다. TV 속 시트콤에 나오던 주인공들처럼.

대학교 1학년 겨울방학 때였다. 아르바이트를 구해서 생활비도 벌고, 일하는 경험도 쌓을 수 있으면 좋겠다는 생각이 들어서 평소 좋아하던 롯데월드에서 일을 하게 되었다. 그곳에서 함께 일했던 사람 중에 무뚝뚝하지만 가끔씩 나를 챙겨주는 한 사람에게 정이 갔다. 어느 날 그는 내가 일하고 있는 모습을 보더니 메모지에 그림을 그리다가 무심하게 탁자 위에 얹어두고 갔다. 뭔지 궁금해서 종이를 보니 내 모습이었다. 그 종이를 집으로 가져왔다. 한 달 만에 아르바이트를 그만두게 되었지만 그와 연락이 닿아서 6년 정도 만났다.

그 당시 나는 일요일이 되면 거의 교회에서 시간을 보내는 일정이었다. 몇 시간이나 나를 기다려준 그와 함께 우리 동네에 가서 영화를 보거나 쇼핑을 하기도 했었다. 매번 근처에서 기다리고 있어서인지 교회에서 나와 친한 사람들은 그의 안부를 묻기도 했다.

나는 발에 무지외반증이 있어 쉽게 피곤하고 자주 붓고, 아팠다.

딱딱한 구두를 신으면 얼마 못 가서 힘들어지고, 발 상태가 안 좋아져서 방학 때 정형외과에서 양쪽 발을 수술했다. 뼈를 자르고 나사와 못으로 고정시킨 후 열었던 피부를 다시 봉합하여 발에 크게 흉터도 생겼다. 어느 날 교회에서 같은 조 사람들과 놀러가는 길에 여름 샌들을 신어서 발에 있던 흉터가 보이자 어떤 남자 동생이 내 발에 흉터가 흉하고 무섭다며 저리 치우라고 했었다. 하지만 남자친구는 그런 내 발을 보면 얼마나 피곤했냐며 주물러주기도 하고, 수술했을 당시에는 빨리 나으라며 발에 뽀뽀까지 해주던 사람이었다. 양쪽 발을 다 수술해서 움직이기 힘들 때 안 씻은 내 모습도 귀여워하고, 내가 찝찝해 할까봐 입원실에 와서 머리를 감겨주기도 했었다.

나는 손이 작은 편인데다 손가락 마디마디가 짧고 통통했다. 마치 아기들이 돌 사진을 찍을 때 손마디가 통통해서 잘 접히지도 않는 모습과 비슷했다. 그래서 남들에게 손을 보이기가 싫은 적이 많았다. 그에게도 손이 부각되는 일이 없길 바랐는데 내 손을 보고 귀엽고, 부드러워서 좋다고 말했다. 추운 겨울이 되면 따뜻하게 해준다고 내 손을 잡고 자신의 재킷 주머니에 넣어주곤 했다.

그는 몸이 마르고 얼굴이 긴 편이고, 안경을 쓰고 있어서 가끔 가수 김동률의 모습과 닮아 보였다. 그러나 김동률처럼 노래를 잘 부르지는 못했다. 음이 조금만 높아져도 금방 음 이탈이 되곤 했다. 나는 노래를 좋아해서 커플이 되면 꼭 듀엣으로 노래를 불러보는 게 오랜 꿈이었다. 그와 함께 시도해봤는데 잘 되지 않아서 아쉬워했다. 그래도 노래를 불러달라고 할 때 평소 같으면 절대 부르지 않을

꽤 괜찮은 사람의 유쾌한 반성

성격인데도 나를 위해서 언제든 불러줬다. 그때마다 음 이탈은 꼭 있었지만 내게는 그 목소리도 가수처럼 들렸다.

나는 그가 좋아서 오래 만나다보면 자연스럽게 결혼할 것이라 생각했었다. 아무 욕심도 없고, 꿈도 없이 단순하게만 사는 그에게 나는 가끔 잔소리도 했다. 그리고 몇 번 교회에 같이 다니자고 말하기도 했다. 다른 것들은 내가 말하는 대로 거의 다 해주었지만 그것만큼은 싫다고 했다.

나는 대학원에 입학했고, 학교에서 영어강사로 일을 하면서 바빠졌다. 그도 드디어 연구원으로 취업했고, 대학원에 입학도 했다. 열심히 나와 함께 자격증도 따고 함께 공부도 하며 진로에 대해 같이 고민도 하고, 목표도 세웠기에 서로 좋은 미래를 향해 가고 있다는 생각이 들었다.

그 후에 나는 남자친구가 결혼에 대해서 어떻게 생각하는지 궁금해졌고, 그에게 생각을 물었다. 그는 결혼은 원래도 하지 않을 생각이었다며 하게 되더라도 나중에 할 것이고, 그때 가서 나를 만나고 있다면 나랑 결혼할지도 모른다고 대답했다. 그러더니 혹시 결혼을 하게 되더라도 자신의 부모님 집에 있는 자기 방에서 같이 살면 편할 것 같다고 거기서 같이 살자고 했다.

그가 대학원에 진학하고, 연구소에 연구원으로 취업을 하자 그의 부모님은 기뻐하며 그에게 차를 선물로 사주었다. 그는 취업하고 나서 자주 피곤해했고, 전에는 매일 자주 연락했던 것과 다르게 하루 종일 연락할 수도, 자주 만날 수도 없었다. 서로 생활이 힘들고, 처음 일에 적응하느라 바빠서 통화를 못할 때가 많아졌다.

그와는 헤어지는 것을 상상해보지 못했는데 그렇게 자연스럽게 멀어지고 있었다. 이별하고 몇 개월 후에 그의 어머니가 두 번 내게 연락을 해왔다. 그러나 나는 사실 어떻게 할 수 있는 방법이 없었다. 그의 어머니는 그가 나와 헤어진 것을 그의 가족에게 말하지는 않았지만 전보다 웃지도 않고, 말수도 없어지고, 집에 들어오면 방에만 틀어박혀 있어서 걱정된다고 했다. 그의 방에는 아직도 내 사진이 그대로 있다고 하며 다툰 건지 내게 물어보았다.

그와 이별을 한 후 한동안 집에 도착할 때쯤이 되면 항상 집 주변을 둘러보는 습관이 생겼다. 혹시 그가 어딘가에 서 있을 것 같아서였다. 헤어질 무렵 그가 우리 집에 찾아온 적이 있었는데 그에게 실망을 한 상태여서 매몰차게 돌려보낸 적이 있었다. 그 일이 그에게 상처를 준 것 같아서 늘 마음 한 곳이 시렸다. 잘 먹지도 못하고, 밤만 되면 혼자 울었다. 괜히 나만 슬퍼하는 것 같이 느껴져 분한 마음이 들 때면 그가 준 선물을 버리기도 하고, 그와 찍었던 사진도 밤에 집 뒤에 작은 오솔길에서 성냥불로 태웠다. 외출하지도 않고, 웃지도 않아서 부모님은 걱정을 했다.

엄마는 우울해하는 나를 보고 내 방 분위기가 밝게 바뀌면 좀 나아질 거라고 생각했는지 침대커버와 이불 세트를 핑크색으로 바꿔주었다. 그리고 화이트톤의 깔끔한 모양의 화장대도 사 줬다. 베개와 이불이 폭신폭신하고 부드러웠다. 자려고 누웠는데 포근한 느낌에 잠깐 기분이 좋아졌다. 출근하기 전에 화장대에서 화장을 하자

꽤 괜찮은 사람의 유쾌한 반성

조금은 기분이 나아지는 것 같았다. 그리고 엄마의 나를 위하는 마음이 느껴져서 더 이상 울지 말자고 마음을 다졌다.

아빠는 어느 날 갑자기 나에게 예쁜 옷을 입으라고 하더니 나를 아빠 차에 태우고 양평으로 향했다. 두물머리에 가서 물 주변을 아무 말 없이 한 바퀴 돌았다. 한겨울 날씨에 찬바람이 불어와서 내 뺨을 긁으며 지나갔다. 그때만큼은 그냥 현실을 잊을 수 있어서 잠깐씩 웃기도 했지만 집에 돌아와서 폭신한 이불에 파묻혀서 또 눈물을 흘렸다.

그 후 슬픈 생각을 떨치기 위해 몇 번 지인을 통해 남자를 소개받기도 하고, 여행을 가거나 봉사활동에 전념하기도 하고, 모임을 자주 참석하는 등 다른 것을 하면서 마음의 분위기를 바꾸려 시도했다. 가장 효과적인 것은 일에 열중하는 것이었다. 일에 집중하고 시간이 지나면서 자연스럽게 조금씩 웃을 수도 있었다. 역시 시간이 약이었다.

지금 생각해보면 믿고 의지했던, 그리고 사랑했던 사람이 사라졌을 때의 상실감이 엄청 컸다. 그랬다. 남자친구와 이별할 당시의 나는 소중한 것을 잃어버린 적이 처음이었기에 큰 존재가 내게서 떠난다는 사실이 받아들여지지 않았다. 그것은 어떤 것으로도 위로가 되지 않았다. 그런 허무하고, 슬픈 감정을 잊으려고 여러 가지로 애를 써봤지만 오히려 그럴 때 마음의 빈자리로 외로운 감정이 들어찼다. 이상하게도 외롭기는 한데 새로운 누군가를 사랑하는 마음이 생기지는 않았다. 어느 날 소개받은 사람이 내게 따뜻하게 다가왔고, 나도 몇 개월 간 그와 만나보려고 노력을 해봤지만 호감이 생기지 않아 결국 그에게 미안한 마음을 전할 수밖에 없었다.

그런 후에 나는 외로운 마음을 다른 것에서 채우려고 했고, 그로 인해 엉뚱한 믿음이 생기면서 보이스피싱, 주식 사기를 당하기도 했다. 그리고 그 괴로움에 마음이 공허하다며 끊임없이 배부른 것도 모르고 먹다가 급격하게 살이 불기도 했다. 나를 이렇게 만든 세상을 원망하며 혼자도 잘 살 수 있다고 독립해서 살면서 돈을 많이 벌어보겠다고 경매에 목숨을 걸기도 하고, 한방 인생을 바라며 주말이면 카지노에 머물면서 일확천금을 꿈꾸기도 하고, 대박을 노리며 미국에 가서 방학 내내 다이아몬드를 캐다가 온 적도 있었다. 하지만 이 모든 일들도 나의 외로움과 불안함을 채워주지 못했고 나의 몸과 마음은 더 크게 상하고 있었다.

남자친구와의 이별 후에 나는 많은 것을 잃었다. 교통사고로 직장을 잃기도 하고, 믿었던 친구의 배신으로 전 재산과 그 친구를 잃어도 봤다. 그리고 세상에서 가장 나를 아껴주신 외할머니가 알츠하이머로 돌아가셨다. 심장수술로 고통스러워하시던 고모도 하늘로 가셨다. 친해진 지 얼마 안 된 동생이 갑자기 혈액암으로 세상을 떠나는 일도 있었다. 늘 건강할 것 같았던 아버지가 암에 걸렸다는 진단결과에 충격을 받아 오열하기도 했었다. 세상에는 누군가를 멀리 보내줘야 할 일이 많았다. 그럴 때마다 계속 엉망으로 살며 세상을 원망할 수는 없는 일이다.

꽤 괜찮은 사람의 유쾌한 반성

하지만 한참을 방황의 소용돌이 속에서 흔들리다가 나는 점차 느꼈다. 더 이상 남에게 의존하지 말고 마음으로 온전히 자립하자고. 내 인생은 그 누구의 탓도 할 수 없다. 아무도 나 대신 살아주지 않기 때문이다. 헤어진 남자친구도 물론 내게 중요했던 사람이었지만 그가 나의 전부일 수는 없고, 마음으로 축복하며 보내줄 수 있었다면 긴 방황으로 이어질 일이 아닐 수도 있었다.

부정적인 감정은 되도록 빨리 끊고 다시 긍정적인 흐름을 찾는 것이 우리에게 중요하다. 그리고 나 자신을 믿어주고, 사랑한다면 남에게 크게 의존하는 마음에서 벗어나 건강한 인간관계를 이어갈 수 있을 것이다. 지금 소중한 존재를 잃어버린 슬픔에서 헤어나지 못하는 사람이 있다면 기억하자. 내가 있어야 남도 있다는 것을. 내가 행복해야 주변사람들도 함께 행복할 수 있다.

03

이십대의 사춘기

'영어회화 전문강사'로 학교에서 근무하면서 대학원에 다닐 때만 해도 학교에서 교사로 근무하면 좋을 것 같았다. 희망을 가지고 임용고사를 몇 개월 정도 준비했지만 막상 몇 년째 근무하다 보니 점점 생각이 바뀌어갔다. 당시 생각에 강사 일을 열심히 하면서 좋아하는 사람이 생기면 결혼도 하고 예쁜 가정을 이루고 싶어졌다. 나도 친구들처럼 결혼해서 알콩달콩 살면 행복할 것 같았다.

그러나 일을 하다 보니 안정적이지 못하다는 생각이 들었고, 점점 가중되는 업무 때문에 몸이 힘들어지기 시작했다. 다양한 일을 해보고 싶었다. 이직을 하려면 모아둔 돈이 있어야 한다는 생각에 늘 퇴근을 하면 프리랜서로 영어논문, 학술지, 회사발표자료 등의 전문 영한, 한영 번역 일을 하거나, 아는 사람을 통해 구한 고등학생 영어입시지도를 했다. 해외에 가서 한국어 강의를 할 생각에 이수과정을 등록해 공부를 했고, 방학을 이용해 카페를 차리기 위한 커피

꽤 괜찮은 사람의 유쾌한 반성

바리스타 자격증을 취득하기도 했다. 해외 워킹홀리데이를 가게 되었을 때도 바리스타 자격증이 필요할 수도 있었기에 열심히 배웠다. 그럴 때마다 목돈이 들어갔고, 몸은 지쳐갔다. 카페인에 약한 나는 밤마다 로스팅 연습을 하며 커피 맛을 보다가 위가 뒤틀려 응급실에 가기도 했고, 회복한 줄 알고 멀리 지방에 갔었을 때는 갑자기 장 폐색증이 와서 또다시 응급실에 가야 했다.

이직을 고민하다가 나는 영어를 가르치고, 룸메이트는 수학을 가르치는 공부방을 개설하자는 생각이 들었고, 그러려면 돈이 필요했다. 적금을 해약하고, 연금보험금을 받기 위해 계약 만료된 금액을 미리 지급받고, 주택청약도 해약했다. 강사로 일했던 퇴직금까지 싹 다 긁었는데도 자금이 부족했다. 부모님께 사업계획을 말씀드리면서 도움을 받았다. 그 돈으로 이직을 잘해서 결혼자금도 스스로 마련할 것이니 걱정하지 않으셔도 된다고 했다. 그렇게 어렵게 돈을 구하게 되었는데 홍보도 하고, 여러 가지로 고생은 했지만 마음처럼 쉽지 않았다. 제대로 사업을 열지 못했다. 철저한 준비도 없이 막 시작했다가 망할까 봐 시도도 하지 않고 다른 방법을 찾아보기로 했다. 사업을 시작하지는 못했지만 강사일은 계속 하면서 투잡을 하거나 이직문제로 자기계발에 투자하느라 돈을 버는 것보다 쓰는 것이 더 많은 상황이 계속되었다.

그때 사업자금으로 쓰려고 부모님이 주신 돈까지 합친 내 전 재산을 같이 공부방을 차리려고 했던 룸메이트에게 맡겼다. 어린 나이에 임용고사도 합격할 정도로 명석하다고 생각했기에 자산관리도 잘 할 것이라고 생각했다. 의리도 있는 사람인 것 같아서 굳게 믿었다. 그녀는 자기 돈과 내가 맡긴 돈으로 주식투자를 했는데 하필이면 당시 갑자기 부도위기로 뉴스에 연일 나오던 한진해운에 투자를 했다. 그 소식은 투자한 지 얼마 안 되어 뉴스를 통해 알게 되었다.

하지만 정작 그녀와 등을 지게 된 것은 돈을 잃었을 당시가 아니었다. 오히려 그때는 그동안 그녀의 몸과 마음의 어려운 사정을 내가 옆에서 모두 알고 있었기에 그녀를 원망하기보다는 그 일로 내게 미안해하는 그녀가 힘들어서 절망할까 봐 걱정이 되었다. 그러나 그 일이 있은 지 몇 개월 후까지 그녀의 상대방에 대한 배려 없이 자신밖에 모르는 이기적인 모습은 점점 더 심해졌다. 나는 결국 그런 모습에 배신감을 느꼈고, 더 이상 견딜 수가 없었다.

집을 나가서 고생을 한 지 6년째가 되던 해에 더 이상 나빠지는 상황을 멈추고 싶었다. 좋은 방향으로 향하고 싶은 마음에 개명을 하게 되었다. 나는 너그럽게 용서한다는 뜻이 들어가는 이름으로 바꾸었고 열심히 공부를 해서 성실하게 살아가자는 마음에서 공무원 시험을 준비했다.

처음에는 믿었던 룸메이트에게 돈을 맡겨 낭패를 당했다는 생각이 들고, 마음으로도 배신을 당했다고 느껴져 분했다. 그래서 매일매일 가슴에서 불이 나는 듯한 화병으로 고생을 했다. 화병은 곧 육신의 고통으로 이어져 온몸의 신경통으로 밤에 불면증까지 경험해야 했다. 그러면서 살길을 찾기 위해 공무원 시험공부를 하고 공부에 집중하다 보니 1달, 2달, ⋯ 6달이 지나갔고, 바닥에서 시작한 점수가 오르면서 조금씩 그녀에게 분했던 기억을 떠올리는 시간이 줄어들었다. 1년, 2년이 지나니 목표점수로 향상했고, 악몽 같던 일을 점점 잊게 되면서 건강도 되찾았다. 그때 비참했던 심정은 다시는 겪고 싶지 않은 일이었다. 하루 중에 대부분의 시간을 그 생각으로 보내며 괴로웠다. 절대 잊을 수 없을 것만 같았다. 그런데 시간은 흘러갔고 어느새 기억도 희미해졌다.

그 시간을 버틸 수 있었던 것은 하나님께 기도하는 것과 괴로운 시간을 함께 버텨준 부모님 덕분에 극복할 수 있었다. 이제는 거짓말처럼 그 일이 거의 떠오르지 않고, 기억이 나도 그녀를 마음속으로 불쌍하게 생각하며 축복하는 마음까지 든다. 원수 같은 사람을 평생 용서하지 못할 것이라고 생각했던 일도 어렵게 시험공부를 하고, 아버지의 암 선고를 듣고, 나를 아껴주던 외할머니가 알츠하이머로 돌아가시고, 작가가 되기 위한 글을 쓰는 등 여러 가지 일을 겪으면서 시간이 지나갔다. 세월의 흐름에 따라 복잡했던 마음도 긍정적으로 정리할 수 있었다.

나는 성격이 예민하고, 생소한 것을 처음으로 받아들일 때 겁이 많은 편이다. 그럼에도 불구하고 어려운 일이 있을 때는 정면으로 돌파하는 방식을 택한다. 주식 사기로 전 재산이 날아갔을 때 오히려 나는 정신을 차리고 공무원시험을 위해 열심히 공부를 하면서 버텼다. 대학교에 진학할 때도 다른 과목에 비해 쉽게 성적이 오르지 않았던 영어를 피하지 않고, 오히려 전공과목으로 선택하여 영문과에 입학했었다. 내가 못하는 것에 도전해서 잘 하고 싶은 마음이 컸다.

움직이는 것을 싫어해서 가까운 거리조차 차를 타고 이동했던 나는 급격히 20kg이나 살이 찌자 내가 제일 싫어하는 운동을 하기 시작했다. 지금은 운동이 일상 속에서 즐기는 취미가 되어 하루에 3시간씩 걷는 것도 거뜬하다. 보는 사람에 따라서 이것이 시시해보일 수도 있겠지만 내게는 용기가 필요한 일들이었다. 남들이 봤을 때는 시시콜콜한 일들을 굳이 나열한 것은 이런 이유가 있어서다.

마음이 어렵고, 고민이 많은 상황에 놓인 사람들이 바로 위에 언급한 나의 도전 경험들처럼 스스로 대견하게 느끼는 일들을 생각하고 자신을 쓰다듬어 주었으면 해서다.

'그때 정말 잘했어. 나는 대단한 사람이야. 어려운 상황에서 이런 선택을 하다니. 나는 특별한 사람이야. 그러니 이번 일도 잘 해낼 수 있을 거야.'

이렇게 말하면서 내 머리나 가슴을 쓰다듬고 나면 조금씩 용기를 내게 되는 나를 발견할 것이다.

04

병원 낙원

대학 연구원 일에 적응해갈 무렵이었다. 퇴근해서 집에 왔더니 룸메이트가 배가 아프다며 고통스러워했다. 그녀를 차에 태워서 병원에 갔다가 돌아오는 길에 사거리에서 신호대기 상태로 정지해 있었다. 갑자기 다른 쪽 방향에서 내 옆 차선으로 꺾어져 가야 하는 차가 방향을 덜 틀었는지, 대기하느라 정지하고 있던 내 차를 향해 정면으로 돌진해왔다. 우리는 구급차에 실려 근처 순천향대학병원에 가서 검사를 받았다. 그리하여 2주 동안 병원에 입원을 하게 되었다.

상대방의 잘못으로 일어난 교통사고였지만 나는 화가 나기보다는 그 정도여서 다행이라는 생각이 들었다. 입원기간동안 나는 집안일을 안 해도 되었다. 겨울인데 난방비도 절약이 될 것 같았다. 다만 월세가 나가고 있고, 사람이 없는 동안 수도관이 얼까 봐 걱정이 되기도 했다. 병원에서 주는 밥을 먹고, 시간에 맞춰 약을 먹고, 치료받고, 찜질하고, 종일 누워 있었다. 밤이 되면 아무 걱정 없이 잠이 들었다. 평소 같으면 불면증에 시달려 몇 번은 잠이 깨고, 미래에 대한 걱정과 다음날 일할 때 챙겨놓을 목록 등등 잡생각이 많았을 텐데 직장에 2주간 못나가게 되어 학교에는 미안했지만 오히려 마음이 편했다. 물론 선임연구원이 내 업무 빈자리로 하루에 몇 번씩 연락이 오고 나도 급한 것은 노트북으로 접속해서 일 처리를 해야 할 때도 있긴 했지만 그래도 휴가를 선물 받은 기분이었다.

교통사고를 겪으면서 병원에 있을 때 여러 가지 생각들이 들었다. 연구원 일을 하면서 행정업무에 적응하다 보니 나와 적성에도 맞는 것 같았다. 하지만 평생 고용불안으로 언젠가는 또 어느 곳에서 일을 할지 걱정하고, 다시 일자리를 구해야 하는 것을 계속 겪고 싶지는 않았다. 이제껏 한꺼번에 돈을 구해서 남은 인생을 편하게 살 생각으로 했던 부질없던 도전들이 머릿속에 떠올랐다. 이제부터라도 다시 정신을 차려 성실하게 일하고 정직한 방법으로 땀 흘려서 돈을 벌고, 더 이상은 미래에 대한 걱정도 말고 살아보자는 마음이 들었다.

막상 사직서를 제출하고 인수인계까지 마치고 나니 막막하기보다는 후련하기도 했다. 그 후 교통사고 후유증 치료를 받으며 지내다가 공무원 시험 설명회에 참석하기 위해 노량진으로 향했다. 대학원 졸업 이후로는 공부는커녕 바쁘다는 핑계로 책도 잘 읽지 않았다. 갑자기 취업난이 극심한 이 시대에 가장 많은 사람들이 도전하고 극소수만이 합격할 수 있는, 점점 더 어려운 수준이 되어가는

꽤 괜찮은 사람의 유쾌한 반성

국가고시 같은 큰 시험에 삼십대 중반을 향하는 나이로 도전을 하려고 하니…. 아무리 큰 결심을 했다지만 사실 뭐부터 해야 될지 난감했다.

　나는 아무것도 없는 상태에서 다시 처음부터 시작한다는 심정으로 짐을 정리했다. 얼마 전 주식을 손절하고 남은 돈이라고 룸메이트가 돌려줬던, 투자할 때에 비해 크게 줄어든 돈을 다 털어서 남은 집 계약기간 동안의 월세를 그녀에게 미리 다 주었다. 그렇지 않으면 그 집에서 못 나간다고 그녀는 또 시작이었다. 차라리 다 주고 그냥 그 집에서 나올 수 있게 되어 다행이라고 생각했다. 부모님께 염치 불고하고 전화해서 부모님 집으로 돌아가고 싶다고 말씀드리니 바로 달려오셨다. 집에 돌아와 보니 내 방은 여전히 그대로 있었다.

　집에 돌아오긴 했는데 나는 돈도 없고, 직장도 그만뒀고, 살은 20kg나 불어서 당뇨병을 치료 중인 상태에서 교통사고 후유증으로 통원치료를 받는 막막한 상태였다. 이제 막 공부를 시작하는 단계였지만 그것만이 살길이라고 생각했고, 병원에 가서 치료받을 때를 제외하고는 책상에 앉아서 인터넷 강의를 들었다. 생전 처음 들어보는 내용을 이해하느라 정신이 없었고, 교재를 보며 온갖 방법을 동원해서 내용을 외웠다. 공부를 하다 보니 계획도 중간에 조금씩 내게 맞게 수정해야 했고, 혼자서 인터넷 카페에 접속해 합격수기를 보며 내게 맞는 공부 방법을 연구했다. 최대한 효율적으로 공부를 하고 싶은데 아무도 내게 조언해 줄 사람이 없었다. 그래서 노량진에서 하는 설명회나 특강을 들으러 가기도 했다. 시작 단계라 점수가 바닥이었지만 꾸준히 모의고사도 응시했다.

공부를 위해서 각종 모임과 친구들의 연락도 양해를 구해서 끊었다. 합격할 때까지 이해해달라며. 친구의 결혼식 불참 이후로 몇 년간 연락이 끊겼던 공무원 친구에게 전화를 했다. 염치가 없고 미안했지만, 그녀의 결혼식에 참석하지 못해서 미안했다고 사과하면서, 공부 방법을 물어보기도 하였다. 다행히 친구는 당시에 조금 서운했지만 지금은 아무 일 아니라며 내게 따뜻하게 대해줬고, 아이를 키우느라 바쁜데도 내게 성의껏 답변해주면서 꼭 합격하라고 격려해주었다.

그때 나는 자존심이고 뭐고 그런 것은 중요하지 않았다. 내게 남은 것은 나를 끝까지 사랑하고 지켜준 하나님과 나를 걱정하고 돌아오기만을 기다리며 기도했던 나의 부모님뿐이었다. 이제부터 나는 그들을 위해서라도 힘을 내서 열심히 살아야 했다. 늦었지만 그들의 은혜와 사랑에 보답하고 싶은데 내게는 가진 것이 없었다. 그저 공부를 열심히 해서 합격하는 것 밖에는.

고사성어에 '새옹지마(塞翁之馬)'라는 말이 있다. 한 노인의 말이 멀리 도망을 가는 일이 있었지만 곧 그 말이 암컷을 만나 함께 돌아왔다. 그 후 그 말을 타던 노인의 아들이 말에서 떨어져 다리가 부러졌다. 그러나 며칠 뒤 전쟁이 시작되었고 아들은 이미 말에서 떨어져 다리에 부상을 입은 터라 전쟁터에 나가지 않게 되었다. 우리는

꽤 괜찮은 사람의 유쾌한 반성

살면서 뜻하지 않은 사고를 겪을 수가 있다. 하지만 다르게 생각해 보면 그 일이 닥쳤을 때 꼭 나쁜 점만 있는 것은 아니다.

교통사고로 병원에 누워있으면서 몸은 아팠지만 사실 그때 나를 아껴주는 친구들, 직장동료들이 찾아와서 걱정해주어서 고맙고, 감동스러웠다. 그리고 집을 나와 독립해 살면서 악화되었던 부모님과의 관계가 이 일로 다시 회복될 수 있는 계기가 되었다.

무엇보다 바쁘다는 이유로 평소 한 번도 제대로 나에 대해 진지하게 고민해보지 못한 채로 일하고, 공부를 병행하던 생활에서 잠시 동안 벗어날 기회가 되기도 했다. 그때 직장을 그만두고 교통사고 후유증 치료를 받으며 공부를 하기로 결심했었고, 그것은 내 인생에서 중요한 역할을 하여 지금의 내게 도움이 되었다. 지금 글을 쓰고 있는 나에게 그런 과정이 있었기에 전보다 더 많은 생각을 통합적으로 할 수 있게 훈련이 된 것 같다.

원하지 않은 일이 생겨 마음이 힘들 때면 '새옹지마'를 기억하며 나쁜 일에는 곧 좋은 일도 함께 온다는 의미를 되새긴다.

"응, 암이야."

아버지의 따뜻한 사랑을 깨닫다

공무원 시험공부를 한창 하고 있을 때였다. 성적도 오르고 있었고, 이제는 공부에 집중하는 것도 자연스러워지고 합격만 하면 부모님에게 효도할 거라며 조금만 더 기다려달라고 큰소리치곤 했다. 잔뜩 예민해져서 작은 소리에도 민감해하고, 향이나 냄새에도 예민해져서 스트레스가 심했었다. 그래서 본의 아니게 아버지에게 하소연도 하고, 나 때문에 사소한 것들도 조심하는 그에게 가끔 짜증을 내기도 했었다. 그래도 이제 조금만 있으면 시험이 끝날 것이고 열심히 일해서 월급을 받으면 부모님에게 잘 할 거라고 생각하면서 굳어진 어깨를 막대기로 두드려가며 책을 읽고, 외우고, 문제를 푸는 것에 정신이 없었다.

어느 날 방에서 자고 있는데 거실에서 말하는 소리가 들려서 방문을 열고 나갔다. 아버지가 자다가 소변이 보고 싶어서 화장실에 갔는데 소변이 안 나온다고 하자 엄마는 당장 응급실에 가자고 했다. 나는 평소에 아버지가 소변보는 것에 한 번도 이상이 있었던 적이 없었기에 응급실에 가서 조치를 받으면 금방 괜찮아질 것이라고 생각했다. 가서 의사가 막혀 있던 요도를 뚫었고, 다시 소변을 볼 수 있게 되었다며 다행스러워했다.

그날 엄마는 일로 연수를 갔고, 나와 아버지는 함께 비뇨기과에 가서 괜찮은 상태인지 검사를 받아보기로 했다. 나는 아무 일 없을 거라 생각했고, 결과가 나오기까지 걱정 없이 도서관에서 공부를 하느라 바빴다.

다음날 저녁을 먹기 위해 준비를 하던 아버지에게 검사결과가 잘 나왔는지 물었다. 아버지는 아무렇지 않은 듯이 대답했다.

"응, 암이야. 방광 안에 크고 작은 종양들이 수십 개가 있어서 의사가 빨리 수술해야 한다고 서울대병원에 가라고 추천해줬다."

나는 처음에 잘못들은 줄 알고 잡고 있던 수저를 떨어뜨렸다. 시험이 얼마 안 남아서 식탁에서조차 시간을 절약하기 위해 한 글자라도 더 외우려고 책을 읽으면서 안부 차 물어본 것이라서 갑자기 이상한 말을 들으니 기가 막혔다.

"아버지, 그런 얘기를… 아무렇지도 않게 하시면…."

그때부터 계속 눈물이 떨어지고 있었다. 내가 소리 내면서 울자 아버지는 어찌해야 할지 모르는 표정이더니 다시 차분해졌고 괜찮다며 나를 달랬다. 울면서 방으로 들어와 보니 침대 위에 아빠가 손

수 접은 내 옷과 양말이 놓여 있었다.

여름이 시작될 무렵이라 베란다에 보관하던 선풍기를 꺼내야 했었다. 나는 시험공부를 하느라 시간이 없었고 아버지는 몇 년 전 정년퇴직을 하시고 집에서는 주부로, 밖에서는 봉사활동과 취미활동으로 바쁘게 제2의 인생을 살고 있었다. 날이 더워서 아버지가 선풍기를 좀 꺼내주었으면 했는데 기다려도 좀처럼 꺼내지 않아서 답답한 마음에 내가 꺼내 해체를 했고 날개와 본체 부분을 세척했다.

"시험이 며칠 안 남아서 시간이 없는데 이런 것도 내가 꺼내야 돼? 어휴."

아버지를 보자 괜히 짜증이 나서 말했다.

"어. 그래. 귀찮아서 안 꺼냈어. 다 귀찮다."

내가 알던 아버지의 모습이 아니라서 이상했다. 부지런하던 분이 요즘 들어 자꾸만 누울 곳을 찾고 어딘가에 기대어 있을 때가 많았다. 엄마는 아빠가 그러니 걱정하면서 몸에 좋다는 각종 보약과 건강식품, 영양제, 건강보조제 등 수백만 원을 들여서 지어와 그에게 주었다. 예전에 이렇게 여름에 힘이 없어지면 보약을 먹고 나아졌다면서 이번에도 먹어봤지만 아무 소용이 없었다. 그러더니 얼마 후에 비뇨기과에 가게 된 것이고 암 선고를 받게 되었다.

도서관에 가서 계획표대로 책을 펴서 외우는데 눈물이 계속 책으로 떨어졌다. 공부하려고 앉아 있으면 계속 내가 요즘에 아빠한테 예민하게 굴었던 것만 떠올랐다. 그동안 아파서 그런 것이었는데 그것도 모르고 게을러진 아빠 모습에 짜증스럽게 말했던 못된 내가 너

꽤 괜찮은 사람의 유쾌한 반성

무 싫었다.

이 상황에서 시험이 있다고 공부만 하는 것이 맞는 것인지, 조금만 더 독하게 참고 열심히 해서 합격하면 그가 기뻐져서 건강이 더 좋아질지, 지금 아빠 옆에 나밖에 없는데 공부가 다 무슨 소용인지, 도대체 어떻게 하는 게 후회 없는 결정인지 알 수가 없었다. 그저 함께하면서 책도 열심히 보는 것밖에 할 수 있는 게 아무것도 없었다.

'아빠, 죄송해요. 비록 제가 지금 당장 아무것도 해드릴 수가 없지만 하나님께 기도드릴게요. 그리고 조금만 더 기다려주세요. 꼭 기쁜 소식으로 아빠 병 다 낫게 해드릴게요.'

혼잣말로 되뇌곤 했다. 소중한 사람이 영원히 곁에 있을 것만 같았는데 내 뜻대로 기다려주지 않는 상황이 찾아오는구나 싶었다. 병원에 가는 것이 두려울 텐데 긴장한 것을 티내지 않으려는 아빠가 너무 불쌍했다.

검사 전에 공복으로 가야 했다. 나는 아빠가 스트레스 받을까 봐 비록 병원이지만 소풍을 가는 것처럼 김밥과 아빠가 좋아하는 간식을 쌌다. 검사는 거의 반나절이 걸렸고, 아빠도 지쳐 보였다. 겨우 다 끝나고 허기진 아빠와 함께 병원 베란다의 작은 정원으로 나왔다.

"아빠, 우리 소풍 왔어요. 날씨도 좋고, 여기 정원도 있네."

벤치에 앉아 도시락을 꺼내서 함께 나눠먹었다. 그때만이라도 아빠가 머릿속에서 병을 잊었으면 했다. 아빠는 배가 고팠는데 너무 맛있다며 웃었다. 그러면서도 공부해야 될 시간에 검사를 같이 기다리느라 힘들었을 나에게 미안해했다. 나는 기다리면서 책 내용을 다 외웠다며 아빠와 같이 카페에 가서 그가 좋아하는 커피를 샀다.

"아빠, 저 도서관이 아닌 다른 곳에 와서 공부하니까 오랜만에 소풍 온 것 같아요. 그리고 내가 좋아하는 카페에 와서 공부가 더 잘되는 것 같아요."

아빠가 두 번째 수술을 할 때는 나의 시험 이틀 전날이어서 나는 병원에 같이 못 가고 엄마가 휴가를 내서 갔다. 나는 점수를 합격선까지 겨우 올렸으니 나머지는 하늘에 맡긴다는 심정으로 도전한 마지막 시험이었기에 내게 중요한 일이었지만 아버지에게 미안했다.

'시험만 합격해라. 그럼 아빠도 기뻐서 더 호전될 것이고, 나도 효도를 많이 해야지.'

독하게 마음먹고 총 정리를 하고 있었다. 아버지는 수술 전에 몸 상태를 체크하기 위해 여러 가지 검사를 받았는데 의사가 수술이 하루 미뤄질지도 모른다고 말을 하자 아버지는 안 된다고 했단다. 원래 계획대로 딸 시험 전날 퇴원을 해야 시험 날 아빠가 차로 태워다 줄 수가 있기 때문이었다고 엄마가 전해주었다. 자신의 목숨보다 오직 딸의 시험만 걱정했다는 얘기를 들으니 안 그래도 시험 때문에 병원에 못 가서 죄송한데 가슴이 날카로운 것에 찍히는 것처럼 콕콕 찔리는 느낌이었다.

아버지는 수술대에 오르기 전까지도 내게 미안해했다.

"너 시험 날 직전에 수술이 잡혀서 어쩌냐. 괜히 나 때문에 네가

고생이다."

마침내 수술 받는 날이 되어 나는 수술을 위해 간절히 기도드렸다. 아빠는 전에 수술했을 때는 1시간 반 이내로 깨어났었는데 이번에는 4시간이 되어도 눈을 못 뜨고 의식이 돌아오지 못해 중환자실에 계속 있었다. 엄마는 갑자기 중환자실에서 하얀 천이 머리까지 덮은 침대에 누군가가 실려 나오는 것을 보고 그만 다리에 힘이 풀려버렸단다. 그러고도 몇 시간 뒤에야 겨우 눈을 떴고 회복할 새도 없이 아빠는 빨리 집에 가야 아침에 딸 시험장에 데려다줄 수 있다며 급하게 짐부터 싸서 돌아왔다.

이 일이 있은 뒤 나를 사랑하는 아버지의 마음을 느낄 수 있었고, 살아 있을 때 뭐든지 함께 보내는 것이 중요하다는 생각이 들었다. 현재는 아버지 옆에서 힘이 되려고 최대한 노력한다. 그리고 아버지는 열심히 치료를 받아 감사히도 얼마 전 병원에서 완치판정을 받았다.

예전 같았으면 절대 참지 못했을 일이었다. 그러나 여러 가지 일들이 있으면서 나는 오히려 더 힘든 상황에서 버틸 수 있게 되고 있었다.

나는 아빠의 10개월 정도의 치료과정에서 놀라운 것들을 발견할 수가 있었다. 원래도 아빠는 낙천적인 성격이지만 암 판정을 받았는데도 그는 별로 흥분하지 않고 차분한 모습이었다. 가족들이 슬퍼하자 아빠 때문에 가족들의 마음에 상처를 입은 것 같다며 오히려 괜찮을 거라고 우리를 다독였다. 아침이면 그는 방에 들어가서 한참동안 눈물을 흘리며 하나님께 잘못을 뉘우치는 내용의 기도와 가족들을 위한 기도를 드리다가 나오곤 했다. 그리고 우리를 자주 안아주면서 그동안 미안했었다는 말과 축복해주는 말을 많이 해주었다.

어느 날 아빠는 가족들이 다니고 있는 교회에 가서 천만 원을 기부했다. 그 동네 주민 복지기금으로 쓰기를 원한다면서 오랫동안 모아오던 것을 드디어 필요한 사람들에게 쓸 수 있게 되었다며 기뻐했다. 암으로 수술비와 항암치료비도 많이 들 때였다. 아빠는 기부금을 전혀 아까워하지 않았고, 그 일이 드러나지 않기를 원했다. 다른 사람들이 보기에는 적은 돈일지도 모르겠지만 아빠와 수십년간 함께 지내온 나는 아빠가 절약이 몸에 밴 사람임을 알기에 그 일이 대단하게 느껴졌다.

나는 소심한 성격도 꼭 아빠를 닮았기에 아빠의 정신력이 약할 것이라고 생각해왔었다. 그러나 다섯 번의 암수술과 수십 회의 암치료, 매일 온몸에 쑥뜸을 뜨고, 체력을 위해 평소 잘 안하던 등산과 근육운동까지 열심히 하는 것을 지켜봤다. 몸은 점점 더 마르고, 약해지는 것 같아 보여서 안쓰러웠지만 결국 그렇게 한 결과 병원에서 완치 판정을 받게 되었다. 나는 그 후로 아빠를 더 존경하게 되었다. 내게도 아빠의 강인한 유전자가 분명 들어있을 것이라고 생각한다.

얼마 전 읽었던《아픔공부》라는 책에서 봤는데, 사람들을 정신적으로 약하게 만드는 가장 큰 방해물은 바로'두려움'이라고 한다. 두려운 마음이 한번 머릿속에 자리 잡으면 이성을 잃게 되어 결국 잘

꽤 괜찮은 사람의 유쾌한 반성

처리할 수 있는 문제도 그르치게 된다. 당황스러운 일이 있을 때 평정심을 유지하면 어떤 것이든 잘 해결할 수 있다. 우리를 약하게 만드는 '두려움'을 털어버리고 쓰러져도 다시 툭툭 털고 일어나자. 아무 일 없었다는 듯이. 별일 아니라는 듯이.

06

삶의 끝에서
책을 만나다

직장생활을 하면서부터 바쁘다는 핑계로 책을 읽지 않았다. 나름대로는 열심히 산다고 부지런히 움직였지만 읽었던 책은 대학원 전공서적이나 학생들을 가르치는 교재, 수업연구에 필요한 책, 각종 자격증을 따기 위한 책이나 자기계발서가 전부였다. 지금 생각해보면 책과 멀어졌을 때 마음이 점점 삭막해 졌던 것 같다.

책을 읽게 된 것은 약1년 전부터이다. 시험 준비로 정신적으로 한창 예민해져 있다가 끝난 뒤에 허무함이 밀려왔고, 극단적인 생각까지 들게 되면서 삶을 끝내는 방법을 찾아보고 고민했다. 그러다 답답해서 무작정 밖으로 나갔고, 나는 걷고 또 걸어 다녔다. 그러면서 나에 대해 다시 생각해보았고, 음악을 듣다가 우연히 '나 자신을 사랑하라'는 가사가 마음에 들어왔다. 평소에도 많이 들었던 말이었고 그때는 별 생각이 없이 스쳤었지만 이제 그 말이 진지하게 들렸다.

나는 스스로 만든 완벽한 목표를 위해 항상 최선을 다해서 달려갔었고, 다행히 그것을 이루었을 때는 잠시 기뻐하다가 바로 다음 목표를 또 만들기에 바빴다. 그러다가 목표에 도달하지 못할 때마다 목표를 향해서 노력했던 과정은 중요했다고 생각하지 않은 채 그저 결과에 따라서 극단적으로 절망하고, 내 자신을 탓하며 괴롭혔다. 그동안 살면서 타인에게 이기적이었던 내 모습을 마치 나를 사랑하는 것이라고 생각했었다. 그것은 착각이었다. 그건 그냥 이기적인 것이었다. 남을 위하는 마음도 없었고, 그렇다고 나를 사랑하는 마음이 있었던 것도 아니다.

남들의 평가를 의식해서 크고 작은 선택을 해왔고, 그 안에 '나'는 없었다. 그 기준에 맞지 않을 때마다 그동안의 아름다운 도전과 이루려고 노력하는 과정을 들여다보지 못하고 그저 결과에 따라 나를 질책하다 보니 누구보다 나 자신이 제일 상처를 받았다. 내가 불행을 느끼면 나와 가장 가까운 가족들도 함께 그 감정을 나누게 된다. 내가 행복해야 그들도 행복해질 수가 있다는 생각이 들었다.

나를 사랑하는 방법을 몰라서 책을 샀다. 그 책들을 읽으면서 수많은 사람들의 사연도 알게 되었다. 그들은 나와 다른 일들을 겪긴 했지만 살면서 겪은 일들을 나누면서 조금 더 나은 방향으로 가고자 했다. 그들이 자신을 사랑하는 방법을 잘 몰라서 찾고자 하는 마음은 나와 공통점이 있었다. 이미 책을 보면서 책 속의 사람들과 공감을 하고, 내 이야기와 대입해보는 과정에서 조금씩 깨닫는 것들이 생겨났다. 책 안에 방법들을 뚜렷이 명시하지는 않아도 다 읽고 나면 이미 내 마음속에 책을 읽는 동안 쌓인 생각들이 있었다. 그것이 점점 내 안에 스며들면서 서서히 변해갔다. 책의 힘은 그런 건가 보다. 누가 나에게 잔소리처럼 하던 것들이라 익숙하다고 등한시했던 말도 나 스스로 책을 읽으면서 느끼면 같은 말인데도 더 믿어지고, 내 행동도 어느새 저절로 변화하게 된다.

사람이 마음상태에 따라서 천국이 되기도 하고 지옥을 느끼기도 하는데 절망 속에서 책을 읽을 생각을 하게 된 것이 다행이었다. 책은 내게 캄캄하던 동굴 속에서 한 줄기 빛을 발견한 것처럼 반가운 존재였다. 책을 많이 읽는 사람은 어려운 일이 있어도 극도로 흔들리는 일이 없다는 말을 어디서 들은 적이 있는데 맞는 말이다. 여러 책을 읽다 보면 다 다른 내용이지만 그 속에서 말하고 있는 기본적인 진리는 하나인 것을 느꼈다. 모두 일맥상통하는 부분이 있었다.

부모님도 기뻐했다. 내가 책을 읽으면서 서서히 조금씩 좋게 변해가고 있다면서. 부모님이 그렇게 여러 번 이야기하고, 조언해도 듣지 않더니 책이 나를 변하게 했다고 고마워했다. 어떤 책이든 일단 책을 끝까지 읽고 나면 내게 남는 것이 있었다. 책을 읽는 동안은 그 속에 들어가서 글을 쓴 사람을 만나 대화하고 있는 것 같다. 그 사람의 경험과 내 경험을 비교해보면서 적용해보게도 되었다. 그러는 과정에서 나의 고민들이 해결되기도 하고, 어떤 때는 공감이 되

꽤 괜찮은 사람의 유쾌한 반성

어 위로를 받기도 했다. 막막하고 답이 없을 때 책은 나에게 제일 현명한 선생님이다. 그것을 통해서 느끼고 배우고, 일상에서 직접 그방법을 써본다. 그러면서 몇 해 전부터 생긴 대인기피증도 조금씩줄어들고, 앞으로 살아갈 용기도 생겼다. 그리고 조그만 것부터 실천해보면 시작이 반이라고 그와 연관해서 더 큰 일들을 해결할 수있는 내공이 생겼다.

마음이 부자인 사람이 무엇일까 막연하게 생각해봤지만 쉽게 와닿지 않았었다. 책을 읽으면서부터 갑자기 메말랐던 마음속에 비를뿌린 것처럼 풍요로운 느낌이 들었다. 말과 글에는 세상을 움직이는힘이 있다더니 내가 변하고 마음이 마법같이 평화로워지고 보니 그말이 실감난다.

어떤 책에 나온 말이 누구나 힘든 일은 언젠가 겪을 수밖에 없는데 그럴 때 책을 많이 본 사람은 그 일을 이겨낼 힘과 내공이 있어서남들보다 조금 더 쉽게 해결해나간다고 한다. 맞다. 나도 책을 멀리했을 때는 조금만 어려운 일이 생겨도 쉽게 좌절하고, 원망할 대상을 찾곤 했는데 그런 행동은 내게 전혀 도움이 되지 않았다. 하지만책을 읽고 나서부터는 삶을 대하는 자세가 달라져서 세상을 바라보는 눈도 변했는지 예전 같았으면 열 받거나 펄쩍 뛰었을 일도 지금은 아무렇지 않게 받아들이고 오히려 그 속에서도 배울 것이 있음에감사를 하게 되었다.

진작 책 좀 읽을 걸 그랬다. 그랬으면 살면서 지금보다 지혜롭게 모든 선택을 했을 것이다. 내가 이미 가진 복을 인식하고, 그것을 즐겁게 누리고 있었을 것이다. 아마 그랬다면 내 인생은 지금보다 더 좋은 방향으로 가고 있었을 텐데 아쉬움이 남는다.

지금이라도 책과 함께 내 미래를 긍정의 길로 들어서게 할 것이다. 나의 평범하기도 하고, 때로는 특이했던 과거의 모든 경험들은 누군가에게 위로가 될 수도 있을 것이라 생각한다. 어느새 남들과 상관없이 나에게 만족할 줄 알고, 나를 사랑할 줄도 알게 되었다. 오늘도 나에게 따뜻한 말을 건넸다. 앞으로도 나를 언제든지 믿어주고, 사랑해주는 지지자가 되어줄 생각이다.

꽤 괜찮은 사람의 유쾌한 반성

07

글과 함께
변해가네요

"누나, 시험 다 끝났어?"

"응."

"그럼 전에 내가 얘기했던 작가 수업 듣고 책 한번 써보지 않을래? 이은대 작가님이라고 계신데, 책을 쓸 수 있게 강연을 하셔. 수강하고 글을 쓰면 책을 출간할 수 있어. 이분은 실력 있고, 진솔하고 열정적이셔서 수강생 모두가 책을 내고 작가가 될 수 있어. 나보다 누나가 글도 잘 썼잖아."

매일 일정표에 맞게 바쁘게 사는 것이 익숙했다. 알람을 맞춰놓지 않아도 6시가 되면 눈이 저절로 떠졌다. 시험은 끝났는데 막상 눈을 뜨면 마땅히 할 것이 떠오르지 않았다. 머릿속에 온갖 잡다한 생각들로 꽉 차 있었다. 현실 속에 살아남기 위해 시간을 허비하지 않고 살아야 하는 것에 맞춰져서 아무것도 안하고 있는 게 그저 이상하고 적응이 안 되었다.

부모님은 내가 집으로 돌아왔을 때 다른 것은 바라지도 않는다고 건강하기만 하라고 했다.

　친구들도 내게 왜 사서 고생을 하냐고 그냥 편하게 살라고, 그리고 정신적으로 안정을 취하면서 천천히 건강을 회복하는 게 좋을 것 같다고 했었다. 그러나 나이는 한 살, 두 살씩 들어가고, 늦었지만 안정된 직장을 빨리 가져야만 미래라는 것이 존재할 것이라는 생각 때문에 몸이 망가져도, 정신적으로 미칠 듯해도 참고 공부를 했다. 그런데 갑자기 목표가 없어지자 모든 것이 허무했다.

　아침에 일어나서 아침 먹고 걷고, 또 점심 먹고 헬스장에 가고, 저녁 먹고 책읽기를 하며 지낸 지 며칠 째 되던 때였다. 동생에게 전화가 왔다. 내게 시험도 끝났으니 글을 써보는 게 어떻겠냐고 했다. 그는 요즘 글을 쓰고 있는데 성격도 차분해지고 주변사람들을 존중해 줄 수 있게 되었다고 말했다.

　막상 나 혼자 책을 발간한다고 생각하면 막막하고 어떻게 해야 할지 방법을 몰라서 시도조차 못 해 봤을 텐데 동생이 글쓰기에 대해서 배우고 있었기에 나도 글쓰기에 참여할 수 있게 되었다. 그것은 내게 큰 행운이었다. 수업에 참여하기 전에 내가 용기를 낼 수 있었던 것은 글 쓰는 것을 단지 먹고살기 위한 직업으로서 생각한 것이 아니라 나를 위한 글을 쓰면서 나 자신이 위로받고, 나를 사랑하는 마음을 가지게 되고, 인생을 즐겁게 살기 위해서 하는 것이라고 생각했다. 책을 출간하는 것도 중요하고, 돈을 버는 것도 중요하지만, 우선 스스로 건강한 정신을 회복하고, 나아가서 사회의 일원으로서 내가 필요한 곳에 진심으로 나의 마음을 나눌 수 있는 사람이 되고 싶은 마음에서 시작하게 되었다.

그동안 뭘 하고 살면 좋을지 고민하면서 여러 가지를 시도했었는데 글을 쓰다가 우연히, 생각지도 못할 때에 내게 찾아왔다. 생각해보니 참 고맙다.

고민해보기로 한 후부터 문득문득 머릿속에 글을 쓰고 있는 내 모습이 떠올랐다. 갑자기 글을 쓴다고 생각하니 가슴 속 깊은 곳에 묻혀 있었던 무언가를 다시 꺼내는 것 같이 설렜다. 지금까지 수없이 많은 일들에 도전해왔었지만 이렇게 생각하는 것만으로 기쁘고, 상상할수록 설렌 적은 처음이었다.

글쓰기 수업에서 주어진 과제를 하다 보니 나의 짧고 평범한 인생이 파노라마처럼 지나갔다. 그것이 나에게는 모두 특별하고 소중한 경험들이었다. 나를 위한 글을 쓰기 시작한 것이다. 이미 글을 쓰면서부터 과거를 회상하면서 추억을 떠올릴 수가 있었다. 평소에 생각하지 않던 것들을 떠올리다보니 예전 기억이 나면서 그때의 느낌과 감정을 다시 한 번 경험할 수 있었다. 그러면서 웃음이 나오기도 하고 스스로 마음이 치유되는 것을 느꼈다.

희한한 것은 지우고 싶고, 부끄럽다고 생각해서 마음속 깊숙이 꼭꼭 숨겨두고 절대 꺼내지 않던 생각들을 글로 표현하기 시작하자 그 일들이 더 이상 수치스럽게 느껴지지 않았다. 그러면서 어느새 마음속에 있던 상처들도 하나, 둘씩 사라져가는 것이었다. 글에는 그런 힘이 있었다.

전에 책을 쓴다는 상상을 한 적이 있었지만 그것이 진짜 현실이 될 줄은 몰랐다. 한때는 내 인생이 마음에 들지 않아서 좋았던 부분들까지 전체를 부정한 적도 있었다. 그러나 지금은 내 인생의 모든 과정이 나와 비슷한 경험을 한 사람들에게는 공감과 위로를, 전혀 다른 삶을 살던 사람들에게는 희망을 주는 책을 쓰기 위해 내가 여러 경험을 하고 살았나 보다 하는 생각이 든다.

이렇게 글을 쓰면서도 독자들이 어떤 사람들일지 궁금하고, 그들이 이것을 읽으면서 지을 표정도 상상하게 되고, 다 읽은 후의 반응도 궁금하다. 그들이 누구인지 알 수는 없지만 독자들께 미리 감사를 표하고 싶다.

TV에서 언젠가 어떤 작가의 이야기를 들은 적이 있다. 그녀는 어린 나이에 아버지가 돌아가시고 세상에 자기만 홀로 남았을 때 너무 절망스러웠다고 한다. 그때 참담했던 심정을 어떻게 풀지 몰라서 종이에 하고 싶은 말, 하늘에 따지고 싶은 마음을 적기 시작했다.

'하나님, 왜 아빠만 데려가서 나만 세상에 혼자 남아 고생하게 하는 거예요? 사람들이 부모님 없는 아이라고 손가락질 할까봐 저는 더 밝은 척하고 웃고 있지만 사실은 전혀 기쁘지 않아요.'

이런 마음속에 있는 솔직한 심정을 이야기 할 곳이 없어서 종이에 적다보니 습관이 되었고, 결국 지금은 작가가 되었다고 한다. 그

꽤 괜찮은 사람의 유쾌한 반성

녀는 자신의 경험을 떠올려 글쓰기를 통해 사람들의 마음의 상처를 치료해주는 일을 하고 있다.

08

대사증후군 당뇨
극복기

다이어트와 요요현상의 반복

직장을 다니면서 이직을 준비하기 위해서 공부도 하고, 투잡, 쓰리잡 일을 많이 하다 보니 고생한 것에 대해 스트레스를 풀길이 없었다. 그래서 배가 고픈지 부른지 느끼지 못한 채로 밤에 음식들을 끝없이 먹게 되었다. 이십대에는 밤에 그렇게 먹고 바로 잠이 들어도 살이 찌지 않았었지만 삼십대가 되면서부터는 점점 체중이 늘기 시작했다. 살이 더 이상 찌지 않게 하려고 2~300만 원씩 들여서 유명인들이 광고를 하는 쥬비스 다이어트도 하고, 40만 원을 들여서 식물성 클로렐라도 먹어보고, 가루로 된 다이어트 식품 글리코도 몇 백만 원씩 들여서 먹었다. 한의원에 가서 금으로 된 종모양의 기구로 배에 집중적으로 문질러서 살을 빼준다는 마사지도 매회 10만원 이상 들여서 하고, 다이어트 한약도 먹어봤다. 식품으로는 안 되는 것 같아 배 운동도 하기 시작했지만 또다시 요요현상이 찾아와서 전보다 더 살이 찌는 것이 반복됐다.

이십대의 정상체중에서 약 20kg이 증가했다. 그러자 건강검진에서 대사증후군 위험단계로 나왔고, 당뇨, 고혈압, 고지혈증, 지방간, 높은 수치의 콜레스테롤 이렇게 다섯 가지 복합 성인병이 나를 찾아왔다. 나는 살 때문에 고민하던 나에게 고가의 글리코 다이어트 식품을 사준 엄마에게 그것 때문에 더 요요현상이 와서 심각해졌다고 원망의 화살을 돌리게 되었다. 그리고 당뇨 위험단계가 되어 약물처방을 받게 되자 삼십대 초반부터 당뇨에 걸려 평생 약을 먹어야 하는 아버지의 유전자를 탓했다.

거액을 들여서 먹는 것으로 다이어트를 한다는 것은 그 효과가 미미하고, 효과가 있어도 잠시뿐이라는 것을 느꼈다. 다이어트의 근본적인 진리에 따르는 것이 가장 힘들지만 효과가 오래간다. 귀찮아도 많이 움직이고, 운동도 꾸준히 하고, 배가 부르기 전에 그만 먹어야 하는 것이 다이어트의 시작이다.

잠자고 걷고

나는 걷는 것을 좋아한다. 대사증후군으로 당 수치가 올라갔을 때 건강을 위해 식이요법과 운동을 해야 해서 걷기 시작했다. 오래 걸으면 힘들어서 피곤할 줄 알았는데 걸을수록 계속 더 걷고 싶어졌다.

　일단 걷다 보면 어떤 때는 걱정되던 일에 대한 해결방법이 떠오르기도 했다. 가족들이나 주변사람들때문에 화가 나는 일이 있을 때 크게 음악을 틀고 걸으면 30분정도 지나면서부터는 조금씩 진정이 되고, 내가 그들에게 잘못한 것들이 떠오르면서 생각이 정리되기도 했다. 막막할 때는 걸으면서 하나님께 기도를 했다. 자연 속에서 걸으며 하나님께 기도한 후에는 마음의 평안을 되찾게 되었고, 그 일들이 실제로 해결이 되는 것도 경험하게 되었다.

　미래에 대한 좋은 상상을 하면서 머리에 그림처럼 떠올리며 기원하는 마음으로 걷다 보면 어느새 마음이 차분해지고, 기분이 좋아졌다. 불면증이 있었던 나는 한참 걷고 집에 와서 시원하게 샤워를 하고나서 물속에 다이빙하듯이 침대에 쓰러지고 나면 금방 잠이 들었다.

　걷다가 머릿속으로 일기를 쓰듯이 나에 대한 반성을 하기도 했다. 그럴 때면 나에게 있던 나쁜 습관이 무엇인지 스스로 생각이 났고, 그것을 고치려는 의지가 생겼다. 글쓰기를 시작할 때는 걷다가 작은 아이디어나 글감이 떠오르곤 했다. 그래서 한 번 걸으면 거의 2~3시간을 걷게 되었다. 일부러 결심해서 걷는 것도 아니고 무작정 걷다 보면 자연스럽게 그렇게 되었다.

　걷는 장소는 어디나 가능했다. 집 근처 중랑천을 걸으며 물이 흐르는 것을 보고, 밤에 달을 보며 걷기도 했다. 아침이면 주변 공원에 가서 숲길을 걸었다. 날씨가 좋건 나쁘건, 비가 내리건, 눈이 내리건, 햇볕이 내리쬐건, 바람이 불건, 덥건, 춥건 그런 것들은 상관없이 그냥 늘 걸어 다녔다. 걸을 때 선선하게 바람이 불어오면 천국에 있는 것 같은 느낌이 들었다. 그러면서 내가 걸을 수 있는 두 다리와 발이 있고, 아름다운 풍경을 볼 수 있는 두 눈이 있음에 감사하는 생각이 들었다. 가끔씩 집 근처 산에 올라가서 둘레 길을 걷는다. 산은 공기도 좋고, 바람도 선선하게 불고, 오르막, 내리막이 있어서 평소에 쓰지 않는 근육을 쓰게 되어 더 건강해지는 기분이 든다.

걸으면 살도 빠지지만 고민거리도 덜어낼 수가 있어서 걸을 수 있는 사람들은 모두들 걸으라고 추천하고 싶다. 일하는 노동이 아닌 운동으로 움직이는 행위는 우리에게 스트레스를 풀리게 하고, 쾌감을 준다. 답이 없어서 답답했던 마음도 걷다보면 그것이 다 해결된 것도 아닌데 마치 다 괜찮아진 것처럼 안심이 되는 것을 경험하게 된다. 그리고 부정적으로 불만 가득했던 생각도 걷다 보면 주위 풍경들과 사람들, 자연 등을 보며 마음이 치유되는 것인지 좋은 쪽으로 생각이 바뀌어간다. 다른 사람들도 그런 것인지는 잘 모르지만 나의 경우는 걷는 것이 신체적으로나 정신적으로나 건강해지게 하는 방법이 되었다.

당뇨를 탈출하다

원래 체중에서 20kg이 늘어 건강검진에서 위험 수준이라고 경고 했고, 병원에서 내게 약물치료와 운동, 식이요법 등을 권장했다. 혈당 수치가 80~140이 정상인데 나는 200 가까이 나왔었고, 혈압수치는 80~120이 정상인데 이것도 200 가까이 나왔다. 그리고 피검사를 통해 고지혈증이 있고 콜레스테롤 수치가 높다는 것을 알게 되었다. 또한 초음파 검사를 통해 지방간이 있다는 것도 확인했다. 이 모든 것들을 종합적으로 통칭해서 대사증후군이라고 한다. 자꾸 살이 찌기에 별별 생각을 다 해보다가 혹시 갑상선 기능저하증으로 살이 찌는 건가 해서 검사를 해봤는데 그것은 멀쩡하다고 나와서 더 어리둥절했었다.

처음 병원에서 대사증후군 이야기를 들었을 때 당뇨 전 단계에 접어들었다며 당뇨약 처방을 받았다. 의사는 내게 당뇨는 한 번 걸리면 잘 낫지 않고 평생 관리해야 하는 병이라고 했고, 나의 경우는 2형 당뇨에 해당하고 아직 나이가 젊으니 약을 꾸준히 복용하고 운동을 해서 체중도 감량하고 식사도 적당량으로 당이 급하게 올라가지 않는 것을 먹으면 나아질 수도 있다고 했다.

예전부터 운동을 별로 좋아하지 않아서 거의 해본 적이 없었기에 무슨 운동을 할지 막막했다. 의사는 배에 지방이 많아서 초음파가 지방에 가려져 다른 장기들이 잘 보이지 않을 정도로 심각하다며 지방을 빼기 위해서는 걷기, 자전거 타기, 등산, 수영 등 유산소 운동이 좋다고 했다. 우선 집에 있는 실내자전거를 2시간씩 타보기로 했다. 매일 3끼를 먹되 현미밥과 채소, 적당량의 단백질 고기, 두부, 콩 등을 만들어서 먹었다. 그리고 영화를 틀어놓고 2시간가량 실내

자전거를 탔다. 그랬더니 별로 티는 나지 않았지만 처음보다는 조금씩 체중이 줄었다. 당뇨약과 고혈압 약은 아침과 저녁 식사 후에 먹었다. 한 달에 한 번씩 내과에 가서 당 검사와 혈압을 확인하고 약 처방을 받았다.

그때가 잠시 직장을 쉬는 때라서 건강에 전념할 수가 있었다. 다행히 2~3개월 지나니 체중이 5~6kg 정도 감량했고, 당화혈색소 수치도 전보다 낮아졌다. 건강을 되찾고 싶은 마음에 열심히 운동도 하고 식이요법을 했지만 약을 먹으면 한 번씩 급격하게 당이 떨어지는 느낌이 들면서 배가 가라앉는 기분이 들었다. 그래서 그런 느낌이 들기 시작하면 계속 땅속으로 꺼져 들어가는 것 같고, 무기력해지곤 했다. 그러다 재취업을 하면서 일을 하다 보니 약은 계속 복용했지만 운동을 할 시간이 없었고, 더 이상 체중이 줄어들지는 않고 유지되었다.

약 끊기

직장을 그만두고 공부를 시작하면서부터는 공부에 집중하기 위해서 약을 끊고 내과에 가지 않았다. 시험이 끝나면 다시 관리하더라도 일단은 약을 먹으면 공부에 집중할 수가 없었기 때문이다. 도서관에 갈 때 왕복으로 1시간 20분 정도를 걸어서 다니기도 하고, 엄마가 싸준 현미밥과 반찬을 먹으며 생활하니 약을 끊었어도 오히려 살이 3kg 정도 감량하고 스트레스로 인한 탈모증상도 완화되어 새로 머리카락이 자라기 시작했다. 부모님의 사랑을 받으며 목표를 이루기 위해 열심히 사는 것이 나의 정신적, 신체적인 것들을 나아지게 하고 있었다. 오랜만에 본 친척들과 친구들은 나의 긍정적인 변화를 바로 알아보고 기뻐했다. 신기하게도 몸이 조금씩 건강을 회복할수록 나의 성격도 다시 긍정적으로 변해가는 것이 느껴졌다.

당뇨가 심해서 약을 꼭 먹어야 하는 사람들은 약을 당장 끊는 것이 위험할 수 있지만, 나처럼 당뇨 위험경계수준인 경우에는 약을 끊고 운동과 식이요법을 지키면서 천천히 건강을 회복시키는 것도 좋을 것이다.

먹는 양 줄이기

살을 빼기 위해서 가장 기본은 먹는 양을 줄이는 것이다. 그것을 하지 않은 채로 운동만 많이 한다면 기존의 몸무게를 유지할 뿐이다. 작년에 2~3달 정도 다이어트를 한 적이 있었다. 그때 먹는 것을 줄이지 않고 밥 3끼에 각각 1그릇씩 먹으면서 유산소 운동 1시간과 근육운동 1시간씩을 실천했었다. 1달 내내 열심히 했으나 살이 1kg만 빠지는 것이다. 그래서 이번에는 먹는 것을 조절하기로 했다. TV에 건강 프로그램에서 본 얼린 두부구이 2조각, 말린 애호박구이 5조각, 고춧가루 바른 사과 2조각씩만 3끼로 각각 먹으면서 운동은 그대로 했더니 1주일에 1kg씩 빠져서 2~3달 동안 약 7kg을 감량할 수 있었다.

살이 찐 사람들은 물만 먹어도 찐다며 억울해한다. 나도 그랬다. 어느 날 내가 얼마나 먹는지 수첩에 기록해봤다. 안 먹는데 살이 찔

수는 없다. 나는 살을 유지할 만큼 넉넉히 먹고 있었다. 먹는 양을 줄이지 않고 운동만으로는 근육이 생겨 몸이 조금 단단해질 뿐이지 체중감량으로 이어질 수가 없다. 역시 전체적인 음식 양을 줄이는 것이 진리다. 살을 빼고 싶다면 그 불변의 진리대로 실천하자.

근육운동으로 기초대사량 높이기

나는 기초대사량이 낮은 편이다. 그래서 더 쉽게 살이 찐다는 것을 알게 되었다. 기초대사량을 높이면 같은 양의 음식을 먹어도 많이 찌지 않는다고 한다. 그래서 근육량을 늘려서 기초대사량을 높이기로 했다. 기초대사량을 높이고 싶어서 다시 운동을 계획했다. 장기적으로 운동할 생각을 했다. 먹는 것은 현미밥 3분의 1~반 그릇 정도와 집 반찬 3끼를 먹되 아침 먹고 헬스장에 가서 1시간 근육운동, 1시간 유산소운동을 하고 점심 먹고 공원 걷기 1시간, 저녁 먹고 중랑천 걷기 1~2시간 이렇게 1개월 반을 했더니 1kg이 빠졌지만 힘없이 처져 있던 살이 조금 탱탱해져서 더 갸름하고 건강해 보였다. 한 달 만에 본 사람들이 살 많이 빠졌다고 먼저 알아볼 정도로 건강하게 빠지고 있었다.

헬스장에서 하는 근육운동도 점점 근육이 생기는 것이 뿌듯해서 순간순간 고통을 참고 열심히 하게 된다. 주의할 점은 바벨이나 덤벨의 무게를 조정할 때 쉽게 들어 올릴 수준으로 하면 소용이 없고, 부들부들 떨면서 겨우 들어올릴 수 있는 수준으로 맞춰해야 더 효과가 있었다. 근육이 수축될 때는 호흡을 내뱉으면서 하는 것이 좋았고, 한 동작에 15번씩 3~4회가 적당했다. 그리고 15번 동작이 끝나고 나면 1분 정도는 꼭 그 근육을 쉬어준 뒤에 다시 15번 1회를 하는 식으로 했다. 기계사용을 할 때는 꼭 자세를 정확히 배워서 해야 효과가 있다.

이런 방법들은 검색해보기도 하고, 헬스장 트레이너를 보고 옆에서 들어보기도 하고, 주변사람들의 조언을 듣기도 하고, 근육운동을 꾸준히 해온 동생의 충고를 들어서 알게 된 것이다. 나도 처음에는 잘못된 방법으로 하다가 효과가 없어서 주변에 물어보고 알아보며 계속 습관을 고치면서 하는 중이다. 샤워를 한 뒤에 거울을 보면 순두부처럼 힘없이 내려가 있던 엉덩이를 비롯한 모든 근육이 조금씩 올라가고 있는 것을 느끼게 되었다. 몸은 정직해서 며칠 동안 아프다고 쉬면 근육이 다 없어져버리기에 하루도 쉬지 않고 규칙적으로 하는 것이 중요하다는 말을 실감했다.

자주 걷는 습관들이기

원래 운동을 싫어하고 움직이는 것을 줄이려고 집도 직장 근처로 이사 가고, 가까운 거리도 꼭 차를 타고 가고, 웬만하면 모든 생활 동선도 움직이는 일을 최소화시켜서 하곤 했다. 심지어 집안일조차 바쁘다는 핑계로 로봇청소기, 식기세척기, 건조기능 세탁기를 쓰고, 귀찮다고 배달음식을 시켜먹는 습관도 있었다. 운동을 하는 것조차 밖에 나가서 하지 않고 실내 자전거 타기나 실내용 트레드밀과 스테퍼를 했었던 나였다.

폐 괜찮은 사람의 유쾌한 반성

그러나 당 수치를 정상으로 만들려는 목표를 가지고 실천하다 보니 밖에서 걷는 것이 답답했던 속을 시원하게 뚫어주는 역할을 하고, 스트레스를 해소시켜준다는 것을 경험하게 되었고 이제는 그것을 즐기면서 하게 되었다. 그래서 아무리 많이 걸어도 재미있는 것으로 인식해서 힘들다는 생각보다는 시간가는 줄 모르고 하게 된다. 그리고 걸을 때 영상은 되도록 보지 않는 것이 좋다고 한다. 영상을 보면 뇌가 영상 보는 것에 집중하라는 뜻으로 인식하고 운동하는 것을 잊어버리게 되어 그 효과가 떨어진다는 말을 들은 적이 있어서 나는 그냥 걷거나 음악을 들으면서 걷곤 한다.

걷는 것은 적어도 30분은 넘게 걸어야 지방이 타는 효과를 볼 수 있다. 속도는 빠르거나 느리거나 상관이 없는 것 같긴 한데 나는 적당히 빠르게 걷는다. 자세는 배에 힘을 주면 자연스럽게 전신이 곧게 펴지는 효과가 있어서 그 상태로 어깨에 힘을 빼고 걷는다. 어깨를 펴고 바른 자세로 걷는다면서 어깨에 힘을 주고 걸었더니 한참 뒤에 어깨에 담이 결리고 오십견통에 시달리기도 했지만, 복식호흡을 한다고 생각하고 배에 힘을 주고 그 대신 어깨에 힘을 완전히 빼고 걸으니 마비되는 고통에서 드디어 해방이 될 수가 있었다.

지금도 이 방법으로 계속 약 1년째 다이어트를 하고 있고, 앞으로도 꾸준히 할 것이다. 대신 먹고 싶은 것은 다 먹는다. 적당히 먹고 과식만 안 하면서 내게 맞는 운동을 규칙적으로 꾸준히 한다면 근육 양도 늘고, 기초대사량이 높아질 것으로 믿는다. 불과 몇 년 전

심하게 살이 쪘을 때 처음 보는 사람들이 나를 '아줌마'라고 불렀었다. 그러나 한 달 전에 외출을 했을 때 모르는 사람들이 나를 '학생…'이라고 부르는 소리를 몇 번이나 듣게 되었다.

예전에 살이 최고로 쪘을 때 피부 관리를 받으러 간 적이 있었는데 그 후 1~2년 지나 살이 좀 빠지고 또 방문하게 되었다. 그때 봤던 피부관리사가 나를 기억하더니 살 뺀 것을 먼저 알아보고는 저번보다 20년은 더 젊어 보인다고 말했다. 그럼 그때 내가 50대로 보였다는 건가? 그건 모르겠지만 어쨌든 그만큼 건강과 살은 우리에게 중요한 부분이다.

예전의 나처럼 움직이는 것이 귀찮다면 운동을 친구삼아 즐기면서 한다고 생각하고 당장 가벼운 산책부터 시작해보자. 지방이 타고 근육으로 바뀌면 피부가 탄력 있어지고 군살도 없어질 것이다. 그래서 자연스럽고 건강하게 살이 빠지도록 만들자. 어차피 평생 할 것이니 자기에게 맞는 운동을 찾아서 꾸준히, 즐겁게 하면 모두가 건강해질 것이고, 예전보다 젊게 살 수 있을 것이다.

꽤 괜찮은 사람의 유쾌한 반성

빈자리

남유리 지음

자리가 비어 있다
늘 있었던 자리에
더 이상 그가 없다

그가 있던 자리가 시퍼렇게 서늘해진다
있어야 할 곳에 하얀 먼지가 눈처럼 쌓인다

그의 콧노래가 귓가에 맴돈다
그의 속삭임이 바람에 섞인다

이제는 추억이 되었지만
언제든 꺼내어 느낄 수 있다

제3장

현재를
즐기자

나는 어릴 때부터 20대가 되면 이런 모습으로 살고 싶다는 나만의 바람이 있었다. 그러기 위해서 노력도 많이 했고, 그 과정에서 얻은 것도 있었지만, 가질 수 없는 것들도 있었다. 아직 청년이기에 내게는 희망이 있었다. 학교를 졸업하고, 취업을 해서 직장생활도 하고, 연애도 하고, 독립해서 살아보기도 하고, 가끔 여행도 하면서 나의 청년 시절을 그렇게 다른 이들처럼 보냈다. 나름대로 열심히 살았지만, 그 안에서 내가 예상하지 못했던 이별의 아픔도 있었고, 일을 하다가 지치기도 했다. 여러 가지를 도전했다가 내가 원하지도 않았던 시련을 겪기도 했고, 갑작스러운 사건들로 절망한 적도 있었다. 그러다가 느낀 것은 내 기대대로 되는 것은 얼마 없다는 것, 평소에 상상하지 못했던 상황에 이를 때가 더 많다는 것이었다.

예전에는 내가 가진 정신적인 결핍을 제대로 돌보지 않은 채 목표와 방향이 그저 남들의 기준에 맞춰져 있었다. 그 과정에서 돈이 많은 것이 멋있게 사는 길이라고 믿게 되었고, 자신에 대한 확신이 없으니 남의 말에 쉽게 흔들려 쓰디쓴 아픔을 겪어야 했던 적도 있었다. 하지만 이제는 그 실패가 고맙다. 그것을 통해서 내가 잊고 지낸 나의 장점들을 발견할 수 있는 계기가 되었고, 진정으로 나 자신을 사랑하는 마음이 생길 기회를 얻었다. 이제라도 알게 됐으니 앞으로는 내가 진정으로 좋아하는 것들을 하면서 늘 그랬듯 열심히, 그리고 즐겁게 살아갈 것이다.

꽤 괜찮은 사람의 유쾌한 반성

지금 드는 생각은 모든 것을 선택할 때 자연스럽게 흘러가는 대로 지켜보기도 하고, 생각을 많이 하면서 천천히, 느긋하게 인생의 단계를 밟아나가는 것이 오히려 나중에 봤을 때 빠른 길을 가는 것이 될 수도 있음을 실감하게 되었다. 그저 남들이 선호하는 기준에 맞추어 나와 맞지 않는 것을 나 자신에게 강요하며 시간을 보낸다면 그러느라고 시간을 오히려 허비하게 되고 마는 것 같다. 어차피 사람은 자기가 좋아하는 것을 쫓아가게 되어 있는 것일 테니까.

이 세상에 완벽한 것은 없다. 모든 것이 다 갖추어진 상태는 없으니 그것만을 기대하고 있다가는 아까운 인생이 기다림에 지치게 될 것이다. 그저 오늘을 잘 살면 되는 것이고, 꿈꾸는 일을 기대하는 것은 좋지만 그것을 향해 가는 과정이 인생의 대부분의 시간이기에 과정을 소중히 하는 것이 제일 좋은 것 같다. 이제까지 그렇지 못했던 것이 가장 안타깝다.

목표를 이루는 과정을 즐기는 사람이 행복한 사람이라는 것을 이제야 알았기에 지금의 나는 오늘을 재미있게 보내고 있고, 하루에 하나 이상 좋은 일이 있을 때마다 오늘도 행복한 삶을 살았다며 기쁘게 마무리한다. 그러다 보면 분명 내가 상상하는 결과가 있지 않더라도 다른 방법으로 더 좋은 것이 올 수도 있다는 것을 이제는 조금 알 수 있으니까.

부푼 꿈으로 살았던
대학생활

내 나름의 삶에 대한 기준이 만들어진 것은 대학교에 입학하면서부터였다. 내가 원하는 수준의 대학교가 아니어서 오티에 갔을 때부터 만족스럽지가 않았고, 그 속에서 대학생활을 적극적으로 즐기지 않았다. 내가 꿈꿔왔던 기숙사 생활이라든가, 학생회 활동이나, 축제나 동아리 활동을 즐기지도 않고 나는 다른 학교에 편입하기 위해 수업만 듣고 바로 편입학원으로 향했었다. 그리고 3학년이 되면서부터는 복수전공을 신청해서 전공과목 2개를 이수하느라 복수전공 수업을 많이 들어야 했고, 새롭게 적응을 해야 했다. 그러면서 자연스럽게 같은 과 친구들과 함께 수업을 들을 시간이 많지 않게 되었다.

학교를 다니면서 그 상황에서 열심히는 공부했지만 그 외의 활동을 하나도 제대로 즐기지 않았다. 수업이 끝나면 바로 학원에 가서 수업을 듣거나 도서관에 가서 공부를 하거나 고등학생 과외지도를 하러 가기 바빴다.

졸업논문을 복수전공으로 2개나 썼어도 정작 추억이 남을 수 있는 졸업앨범조차 촬영하지 않았다. 왜냐면 나는 학교에 다니고 있는 내내 그 학교 학생이라는 생각을 하지 않았고, 그곳은 나와 어울리지 않다는 건방지고도 교만한 생각을 하고 있었다. 특별히 친한 같은 과 5명의 친구들이 있어서 그들과의 여행, 술자리 등 여러 가지로 재미있는 추억들이 있다. 그들은 현재까지도 연락을 하고 당시 이야기로 웃기도 한다.

아무튼 그 외에는 학교가 내가 기대하던 모습이 아니라서 실망스러웠고, 오티, 엠티, 축제에 참여해본 적이 있었지만 재미가 없었다. 같은 과 대부분의 학생들도 별로 나와 맞지 않은 느낌이 들었다. 다른 친구들은 같은 학교에 다니면서도 교환학생도 신청하고, 교직이수 등을 하기도 하고, 어학연수, 유학 등을 다녀오거나 기숙사 생활, 자취생활도 경험하고, 동아리 활동으로 바쁜 생활을 하거나 학생회 활동으로 여러 학교행사를 위해 밤을 새서 준비하기도 했다. 사실 다 내가 해보고 싶던 것들이었지만 나는 학교가 마음에 들지 않는다는 이유로 그 모든 것들을 하지 않았다.

하지만 그곳을 벗어나려고 발버둥쳐도 결국 그 자리였다. 그럴줄 알았다면 그냥 다 해볼 걸 그랬다. 결혼을 하든 안 하든 모두 후회할 수 있으니 그냥 해보라는 말처럼. 그 당시의 상황에서 모든 것을 즐기지 못했던 것은 아쉽다.

한편, 점수보다 많이 낮춰서 간 학교라 마음에 들지 않아 처음에는 속상했지만, 생각하기에 따라서 통학하는 길에 나에게 유익한 일들을 한다면 오히려 시간을 요긴하게 쓸 수 있을 것 같았다. 매일 길에서 보내는 시간이 아까운 생각이 들어서 학교 도서관에서 자기계발서나 소설책을 대여해서 지하철이나 버스에서 책을 보기도 했다. 버스를 타면 창밖에 경치도 보면서, 때로는 친구들과 이야기도 하면서 나름대로 추억을 만들었다.

차 안에서 보내는 시간을 허비하는 것이 아까워서 통학길에는 잠도 거의 자지 않았다. 그리고 계획을 짜기 시작했다. 시험기간이 다가오면서는 차 안에서 전공과목들을 공부하면서 갔다. 귀에 이어폰을 꽂고 전공책을 읽었고, 노트에 적기도 하니 시간이 금방 지나갔다. 시험공부를 다른 시간에 하지 않아도 이미 통학하는 길에서 모든 공부를 마치게 되었다. 나름대로 효율적으로 시간활용을 했더니 성적도 잘 나왔고, 과 수석으로 성적장학금을 받게 되었다.

대학 생활에서 내가 꿈꾸던 캠퍼스 생활을 충분히 즐기지 못한 것에 아쉬움이 남았듯이 이제는 현실에서 최대한 즐겁게 생활하는 것을 실천하고 있다. 지금 현재를 즐기는 것이 최고다. 지금 내가 있는 공간에서 주어진 것에 최선을 다한다. 하고 싶었던 것들을 미루어두지 않고 도전한다. 나중이라는 것은 없을 수도 있다.

교회에서 청년들 모임이 있어서 간 적이 있었다. 그때 만나서 친해지려던 동생이 있었다. 함께 이야기도 하고, 게임도 하면서 조금씩 마음을 열었고, 그냥 집에 가기 아쉽다며 같이 파스타 가게에 가

꽤 괜찮은 사람의 유쾌한 반성

서 식사를 함께하고 다음 약속을 기약하며 집으로 돌아갔던 기억이
난다. 그로부터 2주쯤 뒤에 그녀가 혈액암이라는 소식을 들었고, 위
중해서 입원을 했지만 위기를 잘 넘겼다는 이야기를 듣게 되었다.
분명 얼마 전까지 모임에서 만났을 때만 해도 자신이 아프다는 것을
몰랐고, 우리도 느끼지 못했었기에 충격이었다. 그 후 며칠 사이에
그녀는 무균실에서 가족들과 작별인사도 나누지 못한 채 하늘나라
에 가고 말았다.

　사람 일은 어떻게 변할지 아무도 모른다. 그녀를 다음에 또 만나
기로 했었지만 만날 수 없게 되었다. 다음은 없을 수도 있으니 지금
의 것에 집중하자.

02

열심히 살았던 투잡,
그리고 장학생 시절

교육청 공채 영어회화 전문강사 합격과 희망에 찬 연수

학교에서 일을 하다 보니 규칙적으로 살 수 있다는 장점이 있어서 긍정적으로 생각하던 중에 어느 날 교육청에서 각 지역별로 '영어회화 전문강사' 제도를 마련해 영어교육의 수준을 높인다는 국가정책에 의해 교육청 임용시험을 통해 뽑는다는 소식을 접했다. 그래서 경기도교육청 시험에 응시했다. 응시하기 전에 열심히 카메라를 켜놓고 영어로 회화수업 시연하는 연습을 계속 모니터링 했다. 표정이나 악센트, 전달력 등을 점검하고 좋지 않은 습관이 있으면 고쳤다. 시험장에 가니 1차 필기시험인 영어로 작성하는 수업계획(레슨플랜)을 봤다. 그것은 평소에도 강사로 근무하면서 많이 하던 것이라 내게 익숙했다. 그리고 영문과 학부 졸업 후에 캘리포니아 주립대학교 테솔(TESOL) 과정을 이수할 때도 주로 했던 것이기도 했고, 대학원 과정에서와 교생 실습 때 했던 부분이라 1차 시험을 잘 치렀다. 2차는 원어민 교사와 교감선생님의 영어 인터뷰였다. 그것도 자연스럽게 잘 대답했다. 3차는 영어 수업 시연이었다. 그동안 일하면서 연습이 되었고, 카메라로 모니터링하며 훈련을 해서인지 긴장은 되어도 즐겁게 시험을 마칠 수가 있었다. 합격자 발표 날 교육청 홈페이지에서 합격을 축하한다는 말과 각 영역별 성적을 확인하고 소리치며 의자에서 일어나 점프했던 기억이 난다.

학교로 발령받기 전에 교육청 연수를 받아야 각 학교에 배치가 되기에 합숙 연수에 참여하게 되었다. 생긴 지 얼마 안 된 제도라서 사람들의 관심이 높았고, 지원자도 많았다며 장학사가 나와서 연수 커리큘럼 안내와 함께 제도에 대한 비전을 설명해주었다. 그때 강의하는 사람으로서 존중받는 느낌이 들었다. 합격자들 중에는 나와 같은 이십대가 대부분이고 삼십대도 많았다. 유학을 하고 온 학생 및 졸업생, 종로에서 토익강사로 있던 사람들이 대다수였다. 그들과 조별로 연수를 받을 때도 재미있게 배우고, 서로 도와가며 나중에 평가가 있어서 선의의 경쟁도 했다. 격려하고, 존중하는 분위기 속에서 마지막 프로그램까지 활기찼다. 연수를 이수하면서 열심히 일하자는 다짐을 했고, 새 제도라서 희망찬 미래가 있을 것 같은 느낌이 들었다. 장학사가 이 제도의 필요성과 밝은 전망을 설명해주었고, 우리가 잘 할 것이라는 확신에 차 있어서 자부심이 느껴지기도 했다.

모두가 피했던 대표 영어공개수업에서의 우수한 평가

마침내 의정부에 있는 중학교에 발령을 받게 되었다. 3월부터 출근을 했고, 그곳에서 1학년, 2학년의 정규 영어과목 수업을 맡아서 가르치게 되었다. 학생들과 수업시간이 재미있고, 학생들이 수업을 즐겁게 받을 때 보람이 느껴지기도 했다. 이때가 교육대학원에 재학 중일 때여서 다행히 내가 일을 하면서 대학원에 다니는 것이라 스스로 학비를 낼 수가 있었다. 성적관리를 열심히 해서 성적장학금도 받고, 나중에는 대학원에서 학교 전일제 강사로 일하는 사람 중에서 장학생 학비감면 기회를 주어 나는 일하면서 학비를 벌고 퇴근 후에는 수업을 듣기 위해 대학원에 갔다.

그러던 중에 경기도에서 시행하는 장학사 및 원어민들 평가가 있다는 공문이 왔다. 영어교사들의 영어수업 감독을 목적으로 매년 있는 큰 평가라고 했다. 그 학교 인문부에 속해 같은 교무실에 있던 영어 부장교사를 비롯해 영어교사들과 다른 부서의 영어교사들 중에서 한사람이 대표로 수업평가를 받아야 했다. 대표교사는 평가 날이 되기 전까지 레슨플랜을 포함한 학생들 설문 통계 등등의 자료를 종합한 수업시연 평가책자를 만들어서 교육청에 제출하여 책자를 미리 준비해두어야 하기도 했다.

이것을 위해 영어교사들은 회의를 열었다. 거기에는 대부분이 정교사였고, 한 명이 기간제 교사였고, 나는 영어회화 전문강사였다.

　　　　　　　폐 괜찮은 사람의 유쾌한 반성

그들은 모두 나이도 나보다 많고 경력이 10년 이상이었다. 누가 대표교사를 할 것인지 이야기 중에 아무도 자원하지 않자 제비를 뽑아서 결정하자고 했다. 갑자기 제비뽑기 통을 꺼내더니 종이를 한명에 하나씩 꺼내어 확인하고 자신이 안 걸렸다며 안도들을 했다. 내 자리는 맨 끝이라 마지막에 뽑아야 했다. 차례가 돌아올 때까지 모든 사람들이 자기가 안 뽑혔다고 기뻐했다. 결국 나는 마지막 차례라 종이를 확인할 필요도 없이 수업평가는 내가 받게 되었다.

평소에 그들은 신입인 나에게 모르는 것이 많을 것이라며 가르쳐주는 것이 많아서 감사하다고 생각하고 있었다. 하지만 이런 일에는 모두가 피하고 싶었던 것 같다. 아무것도 모르고 새로 들어온 내가 맡게 되자 교사들도 자신이 걸리지 않아 좋긴 한데 그들이 해야 하는 것을 떠넘긴 것 같아서 찝찝했었나 보다. 내가 없을 때 그들끼리 얘기하는 것을 우연히 들었는데

"강사한테 영어교사 대상으로 하는 평가를 받으라고 해도 되는 거겠죠?"

라고 어떤 교사가 부장교사에게 말하는 것을 듣게 되었다.

"뭐 어때, 나만 아니면 되지. 저 사람 그런 거 시키라고 교육청에서 뽑은 거잖아."

퇴근 후 집에 도착해 방에 들어오자 문득 그 말이 떠올라 티슈 한 통을 다 쓸 때까지 눈물을 닦았다.

다음날이 되었다. 평소 때와 같이 다른 교사들은 퇴근 시간 4시 30분이 되기 5분 전부터 가방을 챙기고, 노트북 전원을 끄면서 시계

를 바라보고 있었다. 시간이 되면 바로 퇴근을 하여 유치원에 맡긴 아이를 데려와야 하는 사람도 있고, 개인 취미생활을 즐기기 위해서 빨리 가야 하는 사람도 있고, 다양한 이유로 퇴근시간을 애타게 기다렸다.

반면에 나는 그날부터 평가안내책자를 만들기 위해 설문지를 작성하고, 공문으로 온 매뉴얼을 보며 하나하나 자료를 만들었다. 그렇게 날은 저물어서 캄캄해졌고, 작성하다가 갑자기 다음 수업에서 쓸 자료에 대한 아이디어가 떠오르면 즐거워할 학생들을 생각하면서 수업자료를 만들기도 했다. 차곡차곡 평가 예비 자료가 쌓여가면서 뿌듯하고 임용 연수 때 뵈었던 장학사님이 이번 평가에도 오실 텐데 그분이 보고 흡족해하실 모습을 상상하면서 눈을 비벼가며 컴퓨터 앞에 붙어 앉아 있었다.

대학원에 가는 날은 퇴근하고 수업을 받으러 가야 했다. 대학원 수업은 매주 수업과제를 제출해야 했고, 조별, 개별 발표가 있어서 그것도 준비해야 했다. 중간고사, 기말고사를 대비하기도 했는데 그때가 졸업학기와 가까워가고 있을 때라 졸업논문을 작성하는 중이라서 주말에는 도서관에 가서 논문검색하고, 지도교수님을 만나 지도를 받았다. 그러면서도 평일에는 야근을 하고 12시쯤 집에 도착하면 중등교사 임용고사를 준비하느라 인터넷강의를 2~4시간 정도 보고 겨우 잠이 들었다. 다음날 아침이 되면 8시 전까지 출근하기 위해 6시에 일어나야 했다. 그런 생활이 반복되었지만 나는 밝은 미래를 생각하면서 일과 공부를 병행했기에 즐겁게 지낼 수 있었다.

　마침내 평가 날이 되어 원어민 교사들과 장학사가 학교에 방문했다. 장학사는 내가 평가대상 대표영어교사로 되어있는 것에 대해 부장교사와 나머지 정교사들에게 직무책임회피에 대한 실망감을 표했다. 그래도 내가 열심히 준비한 만큼 수업이 잘 끝났고, 학생들도 그날따라 더 잘 참여해서 나도 놀랐다. 원어민들과 장학사는 좋은 점수를 주었고, 비디오로 촬영해서 자료를 가져가시며 내게 수고 많았고, 열심히 하고 있어서 자랑스럽다고 계속 그렇게 일 해달라고 독려해주었다. 좋은 평가를 받고나니 그동안의 노력을 인정받는 것 같아서 뿌듯했다. 그리고 당시에 쓰고 있던 대학원 졸업 논문도 교수님들이 우수논문상 후보로 선정해주어서 피곤함이 싹 가시는 것 같았다.

　'피할 수 없다면 즐겨라.'는 말이 있다. 살면서 하고 싶지 않은 것들은 늘 있기 마련이다. 초등학교 재학 시절 학교에서 단체로 예방접종을 맞는 날이 있었다. 의료인이 각 교실에 주사기를 가지고 들어왔고, 학생들은 모두 번호순으로 줄을 서서 차례로 예방주사를 맞아야 했다. 한명씩 주사를 맞고 돌아서는 모습을 보면 괜히 겁부터 나고 손에서는 진땀이 나는 것 같았다. 점점 줄어드는 줄을 보면서 긴장되는 마음으로 기다리다보면 어느 순간 '그냥 빨리 끝났으면 좋겠다.'는 마음이 들곤 했다. 막상 맞고나면 별 것 아니게 느껴졌고,

나도 작은 것이지만 한 고비를 넘겨서 자신이 대견하기도 했다.

　대표 영어공개수업은 그 학교 영어교사들이 모두가 피하고 싶었던 과제였다. 하지만 어차피 나에게 돌아왔고, 그것은 내가 피할 수 없는 것이었다. 나도 처음에는 공개수업을 맡고 싶지 않았지만, 내게 주어졌을 때 그것을 새로운 도전으로 생각하고 게임을 즐기는 마음으로 준비를 했다. 그랬더니 어느새 책자를 만드는 것이나 학습자료, 레슨 플랜을 짜고, 준비하는 과정을 즐기게 되었다. 결국 좋은 점수로 평가를 받고 나 자신이 대견했다. 마치 등반가가 또 하나의 산 정상에 올라 깃발을 꽂는 심정으로 나는 그 일을 해냈을 때 뿌듯함에 한 뼘 더 성장할 수 있었다. 그 기억이 그 후의 직장생활에도 좋은 영향을 주었고, 나는 어떤 일에도 당황하지 않고 수행할 수 있는 능력을 갖춰나갈 수 있었다.

03

대한민국 청소년들과
함께했던 6년

단과반 개설 2주 만에 수강생이 가득 차다

영어교육 석사과정에 있을 때 중, 고등학교가 겨울방학을 하면서 노원에 있던 영어, 수학 입시학원에서 강의를 맡게 되었다. 그곳에서는 중, 고등학생들을 대상으로 방학특강 영어 단과반을 개설하였고, 그것을 각각의 학년별로 구성했다. 처음 개설하는 반이라 0명부터 모집을 시작했다. 그래서인지 학생들 한 명 한 명이 소중했고, 나도 모르게 책임감이 느껴졌다. 첫날 3명이 모였는데 1주일이 되자 10명이 되었고, 며칠 지나 20명이 되고… 날이 갈수록 늘어나서 금방 교실이 가득 찼다. 나도 학생들이 많아질수록 애정을 가지고 가르치게 되었고, 방학특강을 잘 마칠 수가 있었다.

원장님도 기뻐했고, 강사들에게 자유로운 분위기에서 일할 수 있도록 배려해주었다. 많은 부분에서 지원을 아끼지 않았다. 학생들에게도 친밀하게 대하고, 강사들에게는 건강을 고려해 식사도 늘 챙겨주었고, 늦은 시간 퇴근할 때 최대한 안전하게 귀가할 수 있게 차로 가까운 역이나 정류장 등에 바래다주었다. 그래서 스트레스를 거의 받지 않고 강의에 전념할 수 있었다. 나중에 원장님은 월계동과 의정부에 학원 지점을 확장했고, 내가 학교에 출강하면서 그만두었을 때도 잊지 않고 내게 강의를 권유하기도 했다.

생각해보면 그때 학생들과 호흡이 잘 맞아서 나 자신도 즐기면서 강의했다. 수업할 때 학생들이 재미있어 할 때면 뿌듯했다. 내가 하는 강의에 맞춰서 학생들이 대답도 잘하고, 긍정적으로 호응해주는 덕분에 나도 신나게 즐기면서 강의하고 열정적으로 지도하게 되었다.

그때 교실 분위기는 웃음소리로 가득했다. 내가 하는 말에 학생들이 대답하는 몇 가지의 패턴이 생겼고, 그것이 반복되면서 마치 코미디언들이 만담하는 유행어처럼 되어서 모두가 따라하고 참여하게 되었다. 그래서 모두가 다 같이 자연스럽게 리듬을 타듯이 박자에 맞춰 대답하면서 학습내용을 서로 공감할 수 있었다. 매 수업 때 즐겁게 대화를 주고받듯이 해서 그런지 나도 흥이 나서 했던 기억이 난다. 수업을 재미있게 시작해서 유쾌한 분위기로 마무리되었고 학생들도 함께 즐기다가 어느새 영어를 좋아하게 되는 것이 눈에 보였다. 그리고 그들이 영어에 관심을 가지기 시작하더니 좋은 성적으로 이어지게 되어서 기뻤다.

처음 단과반을 개설할 당시 강의실에 학생이 3명이었는데 만약

꽤 괜찮은 사람의 유쾌한 반성

학생 수가 너무 적다고 실망해서 다른 학원에 갔다면 나는 학생들이 점점 많아지는 성장의 기쁨을 맛보지 못했을 것이다. 나는 원래 학생이 많고 적은 것을 별로 개의치 않는다. 수업을 하다보면 그것에 집중하게 되고, 학생이 몇 명이든 나는 그들과 나의 호흡을 중요하게 생각한다. 수업시간이 50분이든 90분이든 그에 맞게 계획을 짜되 주어진 시간동안 강의하는 나와 학생들 모두가 즐거웠고, 머릿속에 남는 것이 있었다면 그것에서 가장 만족을 느꼈다.

그것은 일대일 과외지도를 할 때도, 대형 강의실에서 많은 학생들과 수업을 할 때도 내게 가장 중요했다. 3명의 학생들과 즐거운 수업을 하고, 서로 신뢰하는 관계가 형성되고 나니 점점 많은 학생들과 함께하게 되었다. 그들에게도 마찬가지였다.

강사와 수강생 사이에 우리들만의 패턴과 학습방식이 자연스럽게 생성되면 수강생들은 강사를 믿고 따른다. 그가 억지로 공부를 하라고 시키거나 훈계를 하지 않아도 그 강사를 닮고 싶어 하고, 자기도 그렇게 되기 위해서 알아서 열심히 영어를 공부하려고 노력을 한다. 그러면 수강생들은 수업이 끝나는 시간을 아쉬워한다. 굳이 공부하라고 강요하지 않아도 그들은 수업이 끝나고 나서 더 많은 자료를 요청하기도 하고, 내게 영어강사가 되려면 어떤 것을 준비해야 하는지 쫓아다니며 물어본다. 그럴 때 나는 기쁨을 느꼈다. "네 시작은 미약하나 끝은 창대하리라"는 말이 있듯이 지금 주어진 환경에서 충분히 즐겨보자. 내가 즐거웠다면 그것이 어떤 일이든 만족스러운 결과가 있을 것이다.

고등학교에서 근무했던 4년의 추억

교육청 공채로 처음 발령받았던 학교에서 1년 동안 강의를 한 후에 나는 서울로 근무지를 옮겼다. 당시 고교평준화 정책에 따라 만들어진 혁신학교 중 하나인 서울의 한 인문계 고등학교에서 4년간 강의를 했다. 신설학교라서 처음 1년 동안 교사들과 학생들 모두 좋은 학교를 만들고자 하는 의지가 있어서 매일매일 활기찼다. 특히 내게 특별하고, 소중한 기억이 많다. 음악선생님이 교가를 작곡했다. 교사들의 회의와 학생대표 회의를 통해서 학교교칙과 학교에 필요한 모든 것들을 직접 만들어나갔다. 그러느라 수업이 끝나면 회의를 자주 했지만 모두들 책임의식을 가지고 기쁘게 참여했다. 수업방식을 위한 과목별 회의도 많이 하면서 어떻게 하면 학생들이 자율성 있게 수업에 참여하고 주도적으로 팀을 이끌고, 서로 협력해서 과제를 수행할 수 있을지에 대한 연구가 이어졌다. 회의를 통해 정한 방식으로 바로 수업에 적용했고, 그것을 다른 과목 교사들이나 학부모, 관리자, 장학사 등 여러 가지 방법으로 공개하며 더 좋은 수업을 위해 최대한 힘썼다.

수업내용이나 인터뷰 등을 EBS 교육방송에서 촬영을 해 가기도 하고, 신문에 기사로 실렸다. 학교 전체의 분위기가 새롭고, 열정적이었고, 학생들도 그런 교사들의 마음을 알아주는 듯 잘 따라주었다. 교사들 간에는 가족 같은 분위기로 정이 많이 들었다. 서로 친밀해서 일하느라 가끔 몸이 피곤할 일이 있어도 기쁜 마음으로 할 수가 있었다.

시작을 함께 열어가는 것은 특별한 경험이었다. 신설학교에서의
생활이 내게는 그랬다. 아무것도 없이 학교 건물을 공사 중이었을
때부터 출근을 했었다. 책상과 의자, 커튼을 직접 고르고, 게시판에
꾸밀 게시물을 만들었다. 신입생을 맞이할 준비를 함께하던 교사들
과 나는 첫 학생들을 맞이할 설레는 마음으로 방학 때부터 자발적인
출근을 했고, 야근을 해도 즐거운 마음으로 했다. 그때가 아니면 평
생 경험하기 힘든 좋은 추억을 많이 만들었다.

열정적인 TF팀 과목별 연계수업

수업에 대한 연구에 열정을 다하고 과목을 넘나드는 다양한 TF
팀(Task Force팀＝Project Team 프로젝트팀:공동 과제를 위해 각 전문가로 구성
한 팀)을 만들어서 학생들에게 수업했다. 환경오염을 줄이자는 주제
로 국어, 과학, 영어, 철학, 사회, 미술 등 다양한 과목의 선생님들이
자원해 TF팀을 만들어서 각자 자신의 수업 시간에 환경을 주제로
학생들이 공부할 때 모든 과목이 연계되도록 기획을 하여 나도 영어
과목 TF팀의 대표로서 참여했다.

미술시간에는 환경에 대한 중요성을 나타내는 작품을 만들게 하
고, 영어시간에는 팀별로 환경에 대한 자료를 영어로 공부하고 그에
대한 대책 방안 등을 고등학생의 수준에 맞게 정리해 발표할 수 있
도록 했다. 과학시간에는 실험을 통해 환경에 대한 인식을 심어주

고, 국어시간에 환경에 대한 주제의 시를 지으며 잘된 작품을 쓴 학생에게 상을 주는 등 하나의 주제로 모든 과목을 연계하여 팀별 활동을 하고 직접 발표하는 시간을 가지면서 자연스러운 교육이 이루어질 수 있도록 노력했다.

학생들이 잘 했든 못 했든 개의치 않고 그들 모두의 작품은 복도, 계단, 창문, 화장실의 문 등에 전시를 했고, 모든 수업에서 선생님은 총괄적인 부분을 도와주는 역할을 하고, 대부분 학생들이 주도하는 방식으로 진행을 했다.

팀별 학습을 하면 개별학습을 할 때는 몰랐던 학생들의 장점을 발견하고 놀랄 때가 여러 번이었다. 성적이 낮거나 산만한 학생도 팀 내에서 자기의 역할을 잘 맡으면 그가 발표력이 있음을 알게 되고, 조용한 줄만 알았던 학생이 컴퓨터를 다루는 능력이 뛰어나 팀별 과제의 영상을 편집해서 발표했을 때 몰랐던 그들의 능력이 여기저기에서 튀어나오는 것을 보았다.

어떤 학생은 선생님 말씀에 청개구리처럼 반항만 하던 학생이었는데 조별 프로그램을 통해서 우연히 그의 사업가 재능을 발견하기도 했다. 또 어떤 경우는 수업시간에 교사에게 대들기도 하고 건방진 언행을 할 때가 있었던 학생이 있었는데 대중 앞에서 논리적이고 조리 있게 말을 잘해서 학생회를 이끄는 능력과 학생들을 설득하는 매력이 있었고, 상황에 따라 협상을 하는 것을 보았을 때 그에게서 정치인의 모습이 보이기도 했다.

꽤 괜찮은 사람의 유쾌한 반성

수업을 할 때마다 그들에게 편견을 가질 필요가 없다는 것을 절감했고, 영어를 못 한다고 다른 것도 못하는 것은 아니기에 하나님이 사람을 만드실 때 각자 다 다른 매력과 능력을 주신 것 같아서 세상은 그래도 공평한 것인가 보다 싶을 때가 있었다. 그들을 보면서 대한민국의 미래가 지금보다 더 좋아지길, 그들의 미래가 탄탄대로로 펼쳐지길 바랐다.

교육현장에서 나는 이런 프로젝트를 하고, 다양한 형태의 수업을 준비하면서 희망을 느꼈다. 내가 고등학교에 다니던 시절만 해도 그저 주입식, 강의식 교육이 주를 이루었다. 자발적 학습보다는 거의 수동적으로 공부를 해야 하는 식이었다. 나는 이 학교에서 일하면서 '내가 만약 조금만 더 늦게 태어났다면 어땠을까' 하고 생각한 적이 많았다. 나도 이 학교의 학생이고 싶은 마음이 들 정도로 교육의 질이 높았고, 교사들의 사랑과 관심, 그리고 열정이 넘쳤다.

나 또한 최선을 다해 수업을 준비했고, 강의를 할 때 학생들과 내가 하나가 된 느낌이었다. 나는 그렇게 학생들의 학창시절 그 당시의 현재를 충분히 즐길 수 있게 만들어나가고 있었다. 이제는 세월이 지나 그때로 다시는 돌아갈 수가 없지만 그때 있었던 모든 일들이 아쉬움이 없을 정도로 즐거운 추억을 많이 만들었기에 후회하지 않는다.

전교생과 교사들이 한마음으로 참여한 첫 축제

첫 학교 축제가 열리는 날 그동안 학생들이 모여서 연습했던 공연을 했다. 애정을 담아서 몇 개월 동안 연습했던 것들이라 본인들도 진정으로 즐겼고, 함께 지원하고 격려해준 교사들도 기뻐했다. 그날 학생들의 공연에 교사들도 보답하는 의미로 열심히 연습했던 영화 〈써니〉의 주제곡인 〈Sunny〉에 맞춰서 춤을 췄다. 학생들이 좋아할 것을 상상하면서 20대 신규교사부터 60대 부장교사까지 다양한 연령대의 모든 교사들과 교감선생님까지 다함께 방과 후에 틈틈이 연습했다. 선생님들이 교복을 입고 공연을 해서 더 웃겼었다. 학생들도 좋아하고 우리들도 그것을 준비하면서 즐거웠기에 공연 후에 단체로 교복 입은 모습을 단체사진으로 남겼다. 학생과 선생님 모두가 함께 어우러진 진정한 학교축제였다.

내가 고등학생이었을 때 학교 축제는 그저 먼 세상의 일이었다. 입시를 앞 둔 학생들은 그저 정규수업과 보충수업, 야간자율학습만 강조되었었다. 하지만 선생님이 된 이후에 고등학교 축제를 더 재미있게 즐기고 있는 나를 발견했다. 이제는 공부만 중요한 것이 아니라 축제나 수학여행 같은 행사들도 모두가 주체가 되어 즐길 수 있는 학습의 일부분이 되었다. 학생이든, 선생님이든 모두가 함께 하나가 되어 즐길 수 있는 장이 되었기에 교장선생님, 교감선생님, 행정실, 경비실, 시설관리실 분들까지도 자신의 역할이 있어서 축제를 준비하는 기간 내내 밤까지 학교는 불이 꺼질 새가 없었다.

학생이든, 직장인이든, 주부든, 어떤 곳에 있든 지금을 즐기자.

쩨 괜찮은 사람의 유쾌한 반성

지금이 즐거우면 현재가 과거가 되었을 때도 즐거운 기억으로 남고, 이어서 미래도 계속 즐겁게 이어질 수 있다. 학생이라고 꼭 공부만 해야 하고, 다른 활동을 했을 때 죄책감을 느낄 필요는 없다. 무엇이든 즐거운 마음으로 최선을 다한다면 그 속에서 무언가 배우는 것이 있기 때문이다.

실제로 그 축제에서 자신의 재능을 발견해서 전공을 선택하게 된 학생들이 많았다. 축제라고 해서 무조건 객체가 되어 수동적으로 구경만 하는 것이 아니라 주체가 되어서 직접 참여하다보면 홍보물을 제작하는 역할, 축제 이름 정할 때 아이디어 회의를 하고, 축제예산을 짜고, 축제에 필요한 물품 목록을 정하고, 실제로 나가서 홍보를 하는 역할, 각종 행사진행요원, 조명담당, 음향담당, 무대준비, 의상담당, 사회자 등 수많은 역할들이 있고 이것들을 역할 분담을 하여 수행하면서 작은 사회의 경험을 맛본다. 그런 현재의 경험이 미래의 직업으로 이어질 수도 있기에 우리는 지금 맡은 것이 어떤 것이든 즐겁게 해내자.

학생주도 테마별 수학여행의 추억

테마별 수학여행은 추억이 많이 남았던 여행이었다. 혁신학교답게 수학여행도 학생들이 주도적으로 참여해 각 주제를 정해 각자 자기가 좋은 것을 선택하고 조도 스스로 만들고, 팀원들이 직접 일정을 짜서 떠나는 여행을 기획했다. 그것을 위해 출발하기 몇 개월 전부터 주기적으로 모여 계획을 짜게 하고 장소, 교통수단, 식사, 숙박

등 모든 것을 같은 팀원들이 각자 맡은 역할에 맞게 예약하고 예산을 짜고, 준비물을 챙길 수 있도록 교사들은 각 팀당 2명씩 담당해 학생들이 잘 준비할 수 있게 지원하였다.

내가 맡았던 팀은 시골에서나 볼 수 있는 순박하고 정겨운 여학생들 15명 정도였다. 그들은 서울 도시 학생들답지 않은 외모와 90년생이라고 볼 수 없는 넉살과 구수한 입담을 가지고 있었다. 80년대 사람들이 공감할 수 있을 법한 것들이 그들에게서 느껴져서 보기만 해도 나의 순진했던 학창시절이 떠올라 웃음이 나왔다. 게다가 선생님을 잘 따르기도 했지만 당시 젊은 선생님이라고 정겹게 내게 다가와 농담도 건네곤 했는데 그 시간들이 타임머신을 타고 옛 시절로 돌아가서 동창들을 만난 느낌이 들어서 행복했다.

그들과 매주 테마별 수학여행의 일정을 짜고, 각자 역할을 정해 전화나 인터넷 등으로 예약을 하는 것을 도와주었다. 사실 그들이 알아서 잘 했고, 가끔 장난치지 않고 참여하도록 지도하거나 사전조사를 어떻게 할지 난감해할 때 대안을 제시해주는 정도만 해도 충분했다. 물론 선생님들은 총체적인 예산이나 모든 총괄적인 관리 부분, 안전 문제 등을 철저히 준비했다.

그렇게 해서 떠난 수학여행은 우리에게 웃을 수 있는 추억을 남겨주었다. 가는 길에 바다에 들러 갯벌체험도 했는데 온몸에 진흙을 잔뜩 묻힌 채로 서로 장난치느라 정신이 없을 때 나는 그들을 사진에 담기 바빴다. 숙소로 향하는 콜밴을 타고 가다가 운전기사님이 실수로 트렁크 문을 닫지 않고 달리다가 한 학생의 짐이 트렁크에서

꽤 괜찮은 사람의 유쾌한 반성

떨어져 분실되기도 했다. 물론 학부모님에게도 바로 알렸고, 분실문제는 보험처리를 해서 결국 잘 해결되었지만 아마 학생들도 기억에 남았을 것이다. 학생들은 망설임없이 자기들이 싸온 물건을 꺼내 가방을 분실해서 속상해하는 친구에게 건넸다. 그들의 모습을 보고 나는 흐뭇했다. 도착해서 화살을 만들어 과녁 맞히기나 비누 만들기 등 여러 가지 체험하는 프로그램에 참여하게 하고 맛있는 것도 먹고, 밤에는 다함께 준비해온 레크리에이션을 하며 보냈다. 잠잘 시간에 숙소에서 잘 준비를 하던 중에 갑자기 고양이가 방 안에 들어와서 학생들이 깜짝 놀라 소리치기도 했다. 나와 다른 선생님은 돌아가며 학생들의 안전을 위해 복도에서 지켰다. 그러다가 새벽에 갑자기 학생 중에 한 명의 부모님께 연락이 왔다. 조부모님의 별세소식에 그 학생은 아쉽게 부모님이 계신 곳에 가야 했고, 우리는 조치를 취해서 무사히 보냈다. 마지막 날까지 아무도 아프지 않고 기분 좋게 마쳤고 돌아오는 길에 모두들 아쉬워했다.

지금쯤 그들은 대학을 졸업하고 사회의 일원으로서 열심히 살고 있을 것이라 믿는다. 그 후에 나는 숙명여대 연구원으로 근무를 할 때 그 학교에 입학한 제자를 몇 명 마주친 적이 있다. 서로 반가워했었다.

이제는 대학생이 된 그 학생들을 보면서 그들의 행동이나 태도에서 고등학교 학창시절에 구김살 없이 명랑하게 사랑받으며 성장한 존재임을 느꼈다. 그 신설 고등학교에서는 학생들 각자의 의견과 개성을 중시했고, 성적에 따른 차별 없이 서로 잘하는 부분을 찾을 수 있도록 활동들을 짰었다. 모둠과제를 수행하게 해서 각자 잘하는 부분을 서로 인정해주면서 그 부분을 못하는 사람을 도와주어 하나의 과제를 완성하게 했기에 개인의 역할들이 분명했다.

누구도 완벽하지 않았고, 동시에 누구도 부족하지 않았다. 그저 각자의 장점들을 모아야만 해결할 수 있는 과제를 수행해야 했기에 모두가 동등한 분위기였고, 그들은 교사들의 사랑과 관심을 충분히 받은 티가 났다. 그저 성적순으로 기준을 삼아서 대했다면 관심을 못 받아서 자신감이 부족한 학생들이 많았을 텐데 이들은 거의 그렇지 않고 어디를 가나 당당했다.

고등학교를 졸업하고 대학교에서 다시 만난 그들은 예의바르면서도 자신의 표현을 충분히 할 수 있는 존재로 보였다. 그들의 학창 시절 성적이 특별히 우수하지는 않았지만 충분히 사회에서 자신의 역할을 자신감 있게 해낼 수 있는 사람으로 성장했다. 나는 그 모습에 뿌듯했다. 그들은 대학생이 된 당시의 현재도 즐겁게 캠퍼스 생활을 하고 있었다. 고등학생 당시의 현재에 집중을 한 것과 마찬가지로.

꽤 괜찮은 사람의 유쾌한 반성

나는 언제쯤
쉴 수 있을까

고등학교에서의 강사 일을 마친 후 약 7년 가까이 열심히 일했던 경력을 인정받아 고용노동부에서 6개월에서 1년까지 주는 혜택인 실업급여를 신청했다. 나의 경우는 열심히 구직활동을 한다는 증빙 서류를 규칙적으로 제출하면 한 달에 120만 원씩은 받을 수가 있었다. 물론 좋은 직장에 이직을 성공했다면 바로 이어서 돈을 벌 수가 있었겠지만 일단은 출근을 안 해도 된다는 것에 신이 났다.

2월까지 업무를 마치고 3월부터 출근을 하지 않고 실업급여 신청을 했다. 평화로운 4~5월이 지났고, 6월로 접어들 때였다. 그날도 일자리에 지원을 하고 지원서를 첨부하여 고용센터에 제출하기 위해 워크넷을 비롯한 구직사이트를 보고 있었다. 사이트에서 다른 때와 마찬가지로 평소에 관심이 있었던 직종인 대학교 연구원을 살펴보던 중에 나의 전공과 경력이 부합하는 구인공고를 보게 되었다. 왠지 평소 때와는 다른 느낌에 학교가 원하는 조건과 나의 조건이 비슷해서 지원을 했다. 지원자 수가 뜨는 것을 보니 꽤 많은 수의 사람들이 지원을 했다. 오히려 다행이라며 안심했다. 조금 더 쉬고 싶었고, 그 업무가 힘들 것 같아서 취업을 조금이라도 미루고 싶은 것이 솔직한 마음이었다.

그러나 다음날 학교에서 연락이 왔고, 면접에 응하기를 요청해왔다. 서류합격을 하면 면접에 응해야만 하는 것이 고용부 실업급여 정책의 규정이었다. 급하게 깔끔한 옷을 챙겨 입고 면접에 가보니 서울대학교 경영학과 출신의 방송국 직원 경력이 있고, 이화여대 테솔(TESOL) 졸업자인 지원자와 나, 이렇게 두 명이 최종 면접자라고 했다. 그래도 내가 평소에 하고 싶었던 대학 연구원이기에 선임연구원 면접과 교수면접 때 최선을 다해서 성의껏 임했다. 꼭 될 거라는 기대 없이 기분 좋게 집에 돌아왔다.

며칠 후 합격소식을 들었다. 나중에 알게 된 것이지만 그날 면접에서 한 명만 뽑는 자리였지만 두 명 다 마음에 들어서 교수님이 고민을 했다고 했다. 그러다가 결국 두 명 다 뽑았고, 나와 같은 날 면접을 본 사람을 새로 생긴 스마트 부서의 홍보담당 연구원으로 채용하기로 하고, IIETTP(영어교사심화연수) 부서의 재정행정 연구원 자리에 나를 채용하게 된 것이었다. 그런 과정까지 알게 되자 이것이 마치 하늘의 뜻인 것 같았다. 그래서 갑자기 일을 하게 되어 부담이 되긴 했지만 감사한 마음이 들어서 받아들였다. 어차피 합격하면 바로 출근해야 하는 것이 실업급여 규정이기도 했다.

그렇게 해서 나는 대학교 특수대학원 IIETTP(영어교사심화연수)

부서의 연구원이 되었다. 그곳의 업무는 이제까지 내가 해왔던 일과 다른 다양한 일이었다. 처음 해보는 것이 많아서 익혀야 했다. 전임자가 그만둔 지 오래되었고, 공석이었던 자리라 인수인계를 받을 수 없기에 나는 스스로 찾고, 익혀야 했다. 선임연구원이 많이 신경을 써주어서 그나마 조금은 수월하게 하는 부분이 있었다. 외국인 교수들과의 회의도 많고, 출장도 자주 가야 했다. 힘들 때도 있었지만 새로운 세계고, 나름대로 보람도 있었다. 부서 대표교수를 비롯한 외국인 교수들도 열정적이었다. 그들은 나를 존중해주고 격려해주었다.

하지만 어떤 때는 갑자기 학교 요청으로 급히 교수님 결재를 받아서 기안을 올려야 하는 경우도 있었다. 결재를 처리하기 위해서 다른 부서에 협조를 구하고 새로운 문서를 작성하느라 야근을 할 때도 많았다. 또 국가에서 지원받은 돈으로 프로그램을 운영, 집행해야 해서 비용을 절약하면서도 양질의 교육연수를 운용하기 위해서는 여러 가지로 신경 써야 할 부분이 많았다. 돈으로 하면 금방 될 일이지만 재정을 절약하기 위해 직접 연구원들이 처리해야 할 때가 많아서 일하는 시간이 10배씩 늘어나는 일도 많았다.

사람 수에 비해 많은 업무량으로 일당 백 역할을 하던 선임연구원도 내가 채용된 후로 일이 반으로 줄어서 좋아했고, 나를 많은 부분에서 챙겨주고, 배려해주었다. 또한 우리 부서에 인원 부족으로 학교 내의 학생에게 장학금을 주면서 채용하는 인턴학생이 성실하고 일도 잘해서 든든했다. 다른 부서에 배치되긴 했지만 나와 같은 날 채용이 된 입사동기인 테솔센터의 조교와 스마트부서의 연구원과도 친하게 지내면서 서로 어려울 때 도와주기도 했다. 그런 점들이 처음 느껴보는 동료애여서 내게는 특별하고 소중했다.

비록 처음해보는 업무라 부담스럽기는 했지만, 기왕 내게 온 일이기에 기꺼이 부딪치며 열정적으로 현실에 충실했다. 막상 연구원일을 하다 보니 보람이 있고, 새로운 일이라 신선하게 느껴졌다. 또나와 적성에도 맞는 것 같아서 점점 내게 이런 좋은 기회가 주어진 것에 감사하게 되었다.

이 일을 통해서 대학교 행정업무도 익히고, 연수 프로그램을 관리하는 법과 프로그램을 운영하는 방법 등을 다양하게 배울 수 있었다. 어느새 나는 또 새로운 일에 적응했고 그것을 즐기고 있었다. 이렇게 영어 연수프로그램을 기획하고, 하와이 대학에 연계시켜 교육하는 커리큘럼을 운영하면서 각종 행정업무를 수행해야 했고, 재무관리까지 하면서 여러 가지 업무를 하느라 정신이 없었지만 대학에서의 업무경험을 쌓은 덕에 그 후의 진로를 정할 때 도움이 되었다.

좋은 미래를 꿈꾸고 싶다면 지금 현재의 일에 충실하자. 충실한 현재가 있어야 내일도 충실할 수 있다. 지금이 없는 미래는 없다. 내가 꿈꾸는 미래의 모습대로 지금 당장 행동하자. 그것이 곧 내일의 내 모습이 된다.

꽤 괜찮은 사람의 유쾌한 반성

오늘은 또
뭐하고 살지

부모님과 기차여행 떠나기

공무원 시험이 끝나고 난 후에 얼마동안 나는 독한 마음으로 열심히 달려가다가 갑자기 멈춘 것처럼 허무했다. 아침이면 눈은 저절로 떠진다. 그런데 할 일이 없었다. 시험을 준비할 때는 하고 싶은 일이 생각나도 목표를 달성하고 나서 하면 된다며 다 참았었다. 그때 하고 싶었던 것이 뭐였더라.

가장 먼저 엄마, 아빠가 떠올랐다. 효도하고 싶다고, 미안하다고, 합격만 하면 다 하자며 미뤄둔 것들을 하나씩 하면서 부모님과 소중한 시간을 보내고 싶었다. 특히 공부 중에 아버지가 병원에서 암 판정을 받고 치료를 받게 되면서부터 나는 인생에서 진정으로 소중한 것이 무엇인지 알게 되었다. 소소하고 행복한 일상을 미루다가 정작 해보지도 못한 채로 더 이상 사랑하는 가족들과 함께하지 못할 수도 있다는 생각을 하게 되면서 바로 부모님과 셋이서 가까운 지방에 기차여행을 가기로 했다.

강원도 정선에 가서 곤드레나물밥 한정식을 먹었다. 새벽 일찍 기차를 타고 출발했기에 출출해져서 각종 나물 반찬들을 순식간에 먹었고, 마치 설거지를 하듯 그릇을 싹 비웠다. 레일바이크도 탔다. 산속을 가로질러 시원한 바람을 느끼며 다리를 굴리고 있었다. 중간 중간 마주치는 동굴은 접어들기만 하면 에어컨을 틀어놓은 것 같이 서늘했고, 어두움 속에서 작은 LED 불빛들이 무지개 모양이나 우주에 온 듯한 행성 모양으로 비추고 있어서 신비로움 그 자체였다. 동시에 조명에 맞게 음악이 잔잔하게 흘러나와 다른 세상에 도착한 것 같았다.

그곳의 특산물인 수리취떡을 만드는 체험도 했다. 반죽에 팥 앙금을 넣고 전통 문양의 도장을 찍은 후에 찌면 완성이었다. 내가 직접 만들어 먹어서 그런지 평소에 떡을 별로 안 먹지만 이것은 맛있었다. 갑자기 내리는 소나기를 맞으면서도 웃으면서 강을 가로지르는 흔들다리에 가서 바닥에 있는 투명한 유리를 통해서 강물을 내려다보며 사진을 찍기도 했다. 엄마가 그렇게 좋아하며 웃는 모습을 오랜만에 봤다.

돌아오는 기차 안에서 부모님과 그날 찍은 사진을 보면서 즐거워했다. 아버지도 자신이 만든 수리취떡을 먹으며 만족해했다. 가족이 함께할 수 있는 것만으로도 행복했다. 아직 살아 있음에 감사하

꽤 괜찮은 사람의 유쾌한 반성

고 부모님이 두 분 다 걸을 수 있어서 감사했다. 매일 한 가지씩 기쁘게 해드리면 아버지 암 치료에도 좋을 것 같다는 생각이 들었다.

시간은 끊임없이 지나가고 있다. 우리에게 주어진 시간이 얼마나 있을지, 오늘 있는 이 기회가 언제 또 있을지는 기약할 수가 없다. 지금은 바쁘니까 나중으로 미루다가는 막상 목표를 달성한 이후에도 그 다음으로 미루게 된다. 이 시간은 다시 돌아오지 않는다. 소중한 부모님과 함께하는 일상의 기쁨을 누려서 참 좋았다.

아픈 외할머니 찾아가기

한때 시험 준비로 명절 때조차 시간이 없다며 찾아보지 못했던 외할머니는 그러는 사이 알츠하이머에 걸렸다. 기억이 점점 없어지더니 배변을 스스로 처리하기조차 어려워졌지만 외숙모와 집에 머물면서 통원치료를 받았다. 그러나 그 후로 더 악화되었고, 스스로 움직이다가 자주 넘어져 뼈도 다치고, 소화기관까지 망가져 대구 가톨릭병원에 입원했다는 소식을 들었다.

당장 외할머니를 보기위해 부모님과 대구에 갔다. 밖에 나갈 수가 없어서 하얗게 창백해지고, 전보다 더 몸집이 작아진 외할머니를 보고 나는 손을 잡고 사랑한다고 말하는 것밖에 할 수 있는 것이 없었다.

그 후에 몇 번 더 외할머니를 찾아갔다. 아직 나를 기억하고 있어서 다행이었다. 그녀에게 우리가 같이 롤러코스터 타러 갔던 것이나, 함께 제주도에 갔을 때 한라산 꼭대기까지 외할머니가 제일 먼저 도착했던 일, 내 동생의 결혼식 날 기뻐했었던 일을 이야기 했더니 기억이 난다며 웃었다. 그녀에게 노래를 부르자고 하면 아이처럼 평소에 좋아하던 곡을 불렀고, 엄마가 주기도문(교회에서 하는 기도문)을 외우자고 하면 혼자 주기도문을 다 기억하며 끝까지 읊었다.

비록 좋은 소식을 알려드리지도 못했고, 외할머니가 그토록 소망했던 착한 신랑감을 데려가 인사하지는 못했지만 외할머니가 내 얼굴을 알아본 것과 나를 보고 웃는 것을 보니 진작 더 자주 함께하지 못해 미안한 마음이 들었다.

나는 외할머니에게 사랑스러운 유일한 손녀였고, 그녀는 나의 존재만으로 무척 자랑스러워했었다. 그렇지만 외할머니가 기억을 잃어가기 직전의 내 모습은 부모님께 반항하고, 체중이 20kg이 분 상태였다. 게다가 교통사고로 건강도 잃은 채, 빈털터리로 죽다 살아서 부모님께 돌아오더니 시험을 준비한다며 그때부터 시간이 없다고 외할머니를 찾아가지도 못했다.

내가 가장 힘들 때 외할머니는 내게 하얀 봉투에 80만 원을 넣어서 주었고 그 뒤로 얼마 안 있다가 알츠하이머에 걸렸다. 살찐 몸과 나빠진 건강 때문에 결혼도 할 수 없다고 스스로 절망에 빠지며 투정하던 내게 외할머니는 그녀와 같이 살자고 했다. 시험공부로 바쁘다는 것을 알고는 대구에 와서 마음 편하게 공부하라고 말했던 외할머니. 그때 나는 다시 부모님께 효도도 하고, 성공도 해서 멋진 사람과 결혼하

꽤 괜찮은 사람의 유쾌한 반성

는 모습을 외할머니에게 가장 먼저 보여주고 싶었는데…. 그러기 전에 외할머니의 기억은 점점 자신의 어린 시절로 돌아가고 있었다.

하지만 이때라도 외할머니에게 찾아가서 손도 잡아주고 같이 이야기도 할 수 있어서 다행이었다. 비록 옛날과 달리 스스로 서 있을 수도 없고, 말도 거의 못하고, 이빨이 없어서 죽도 갈아서 물처럼 마셔야 했다. 사람을 알아보려면 30분 정도 지나야 겨우 누군지 흐릿하게 알아보고, 점점 아기 모습이 되어가고 있었지만 그녀를 만날 수 있어서 좋았다. 지금은 함께 있을 수 없는 곳에 있지만 외할머니를 추억할 수 있어서 감사하다.

지금 나에게 소중한 사람은 누구인가를 떠올려본다. 그들이 언제까지 그 자리에 계속 있을 것인지 우리는 예상하지 못한다. 할머니가 그 시점에 운명할 것을 전혀 몰랐었다. 다만 내가 현재에 충실해야 더 이상의 후회를 막을 수 있다는 생각이 든 이후부터 꾸준히 할머니를 찾아갔고, 올해 설에는 병원에 가족 모두가 한복을 입고 가서 새해 인사를 나눴다. 병원에서는 그런 우리가 조금은 유별스러워보였을지 모르겠지만 그렇게라도 설날인 것을 느끼게 해주고 싶어서 내가 제안한 것이었다.

임종하는 순간에도 다행히 내가 할머니 곁에 있다가 마지막을 함께 보냈기에 비록 갑자기 찾아온 죽음에 슬프기는 했지만 적어도 사랑하는 할머니를 못 봐서 후회하는 일은 없었다. 그래서 천국에 가는 모습을 보고 나도 그녀를 축복하며 보낼수가 있었다.

갯벌

남유리 지음

기차로 머언길 떠나
갈매기소리 나를 깨우네

멀찍이 바라보는 수평선 너머
푸른빛 바다 펼쳐져 있네

신이 나서 달려가보니
진회색 빛 찰진 흙이
바다 앞에 떡하니 있네

촉촉하고 걸죽한 찰흙
걸을수록 점점 빠져드네

바쁘게 숨는 작은 참게들 잡다가
부드러워진 살결을 만져보네

꽤 괜찮은 사람의 유쾌한 반성

손에 얼굴에 온통 진흙이 묻어
내 얼굴이 네 얼굴 네 손이 내 손

깔깔대는 붉은 노을
진흙아이들 비추면

바다 내음 코끝에 닿아
하얀 파도결이 내게 다가오네

제4장

그럼에도
또 도전하자

가보고 싶었는데 못 가본 길에 대한 궁금증은 늘 남아있기 마련이다. 그리고 언젠가는 꼭 그 길을 가게 되는 것 같다. 어차피 할 것이라면 망설이거나 미루지 않고 과감하게 그 길을 가는 것도 좋다. 최소한 안 가봐서 후회하는 일은 없을 테니까.

살면서 내 모든 어리석어 보이는 경험들은 결과가 좋았건 아니건 나에게는 이렇게 글을 쓸 수 있는 소재가 되었다. 남자친구와 6년간 사귀며 내가 존중받고 사랑받는 존재라는 것을 알게 되었다. 그와 헤어졌어도 내게는 분명 좋은 기억들이 존재하고, 그와의 추억은 나의 자존감을 높이는 것에 도움을 주었다. 헤어져서 아플 바에 아무도 만나지 말자며 독립해서 살기 시작했고, 한때는 똑똑하다고 믿었던 룸메이트에게 모든 것을 맡기고, 의지한 적도 있었다. 비록 그녀와 고생을 많이 했었고, 아무것도 남는 것이 없이 빈털터리로 끝이 났지만 그러는 동안 삶을 통해 배우는 것들이 있었다.

물론 이 모습을 보고 자기 합리화라고 말할 수도 있고, 시간과 돈을 많이 버리면서 배웠다며 한심해 할 수도 있겠지만 그것들도 나의 일부분이기에 인정하고 나를 응원하려 한다. 그냥 그 모든 것들이 삶이기에 오늘을 사는 것이다.

결국 이 모든 경험과 기억들이 있었기에 지금의 내 모습이 있었다. 그래서 전부 소중한 것이다. 나는 지금의 내가 좋다. 그래서 나를 있게 한 모든 선택과 경험도 사랑할 것이다.

01

배우고 일했던
모든 것들이
내 미래의 자산

엄마의 교육열정

어린 시절 엄마는 없는 돈에 어떻게 해서든 자녀에게 다양한 교육을 시키고자 우리에게 피아노, 미술, 글짓기, 수영, 국악, 스키, 스케이트, 영어 등을 꾸준히 배우게 했다. 그때는 혹시라도 우리에게 특별한 재능을 발견할 수 있을 줄 알고 그랬다고 했다. 어려운 형편에 아버지의 반대에도 불구하고 우겨서 교육시켰다. 외할머니가 그런 엄마를 보고 돈도 없는데 미쳤다고 애들 취미생활까지 돈을 쓰느냐고 했지만 굴하지 않았다.

하지만 그것들을 배우면서 나는 즐거웠다. 그리고 피아노를 배운 덕에 음감이 생겨서 교내 합창단으로 활동도 했고, 미술을 배워서 미술과목에서 좋은 성적이 나왔고, 교내 글짓기 대회에서 여러 가지 상을 받은 적이 있었다. 그러면서 학교에 다니는 것이 재미있었고,

꽤 괜찮은 사람의 유쾌한 반성

나의 학창시절의 기억은 항상 좋은 것들로 가득하다. 그런 기억으로 나의 자존감에도 좋은 영향을 주었기에 내게 유익했다고 생각하고, 부모님께 감사한다. 글쓰기에 대한 좋은 기억들이 많아서 책을 쓰기로 결심할 수가 있었다.

엄마는 내가 아기였을 때 집 근처에 있는 '딩동댕피아노학원'에서 잠깐씩 피아노 연주법을 배워왔다. 내가 꼬마가 되면 가르쳐주기 위해서였다. 엄마는 시집오면서 기독교인이 되었는데 내게 피아노를 가르쳐서 교회에서 피아노 반주자로 봉사하는 모습을 꿈꾸었다. 나는 엄마에게 피아노를 배우며 바이엘을 마스터했다. 엄마는 체르니 30번이 되기 전까지 배웠는지 바이엘 이후로는 엄마의 친구 분이 피아노를 전공했다며, 나와 동생을 그분에게 배우게 했다.

피아노 선생님은 월계동에 있는 삼호아파트에 살았다. 장위동인 우리 집과는 차로 30분정도 가야 했기에 학교 수업이 끝나면 아버지는 차로 우리를 그 곳에 데려다주었다. 아버지는 항상 삼호아파트에 주차하고 차를 닦거나 아파트 놀이터에서 1~2시간 동안 피아노 수업이 마치기를 기다렸다가 우리를 다시 집으로 태워왔다.

아빠는 엄마 말씀을 잘 듣는다. 엄마의 몸이 약한 상태로 신혼생활을 시작했고, 낮에 아버지가 일할 동안 동생과 나를 돌보고, 집안 살림도 하느라 엄마가 지칠 것 같았는지 아버지는 퇴근하면 우리와 놀아주고, 목욕시키고, 기저귀를 빨고, 연탄불을 가는 일을 도맡아서 했다. 비록 넉넉지 않은 상황이지만 엄마는 동생과 나를 부족함

없이 키우고 싶어 했다.

사실 피아노뿐이 아니었다. 내가 5살 때는 동네에 유명한 미술학원에 보냈고, 6살 때부터는 동네에 좋다고 소문이 난 유치원에 다녔다. 초등학교 다닐 때는 글짓기 그룹과외, 미술과외, 겨울 방학 때 스키, 스케이트, 여름 방학 때 수영, 봄 방학 때 국악 사물놀이나 현대무용 등을 배우게 했다. 물론 동생도 거의 같이 배웠다.

초등학교 6학년이 되자 중학교 입학 전에 영어를 배워두는 게 좋다고 큰 영어학원에 보내 레벨테스트를 거쳐 원어민 선생님의 지도를 받았다. 그때 선생님이 지어준 영어 이름이 '린다'였고, 가끔씩 원어민 선생님이 사는 집에 초대받아서 놀러가 그녀가 직접 만든 쿠키를 먹었던 기억이 난다. 그 후 중학생 때도 영어공부가 부족하다고 엄마는 동생과 나를 입소문이 난 영어학원에 보냈고 그때는 아예 아버지까지 셋이서 같이 수강을 했기에 몇 개월간 학교를 마치면 아빠차를 타고 수업을 들으러 가곤 했다.

엄마는 겁이 많은 내게 어느 날 롤러스케이트를 가져와 신겨주었다. 바퀴가 달려 있어서 균형을 잃으면 곧 넘어질까봐 무서웠다. 엄마는 처음에 부축해주다가 어느새 놓았는데 막상 바퀴로 구르면서 앞으로 나가고 있으니 재미가 있었다. 그 뒤로 자주 롤러스케이트를 타고 골목을 누볐다.

나에게 최고의 공포 대상은 자전거였다. 꼬마들이 타는 자전거에는 뒤에 작은 보조바퀴가 달려 있어서 안정적이었지만 보조바퀴 없는 성인용 두발자전거는 내게 두려움 그 자체였다. 두발자전거가 롤러스케이트보다 더 크기가 커서 무서워했다. 사흘 간 소리를 지르며 타고 난 후, 마침내 엄마가 자전거에서 손을 떼도 달려갈 수 있게 되었다. 눈물의 시간들이었다. 그 덕에 성인이 되어서 학교에서 강사로 근무할 때 자전거로 출퇴근을 하면서 살을 뺄 수가 있었다.

어릴 때 엄마가 마루바닥에 영어단어 그림카드를 몇 개 펼쳐놓으면 내가 하나씩 그림을 보고 단어를 맞히고 카드 뒷면에 적힌 정답을 확인하는 게임을 자주 했었다. 어쩌면 이때부터 영어에 대한 흥미를 자연스럽게 느끼게 되어서 진로를 영어 관련 일을 택하게 된 계기가 되었을지도 모른다.

엄마는 어릴 때 혼자가 된 외할머니의 일을 도와야 했고, 쪽잠을 자면서도 1등을 놓치지 않았었다. 할머니는 공부에 방해된다며 공부 외에 다른 취미생활은 허락하지 않아서 꿈도 못 꾸었단다. 공부에 전념하기 위해서 집에 라디오나 TV는 당연히 못들이게 했고 가끔씩 친구들이 집에 놀러오면 공부에 방해도 되고, 외할머니를 도와서 일하기도 바쁘다고 혼을 내서 쫓아 보냈다고 한다.

그래서 엄마는 자기 자식들에게 다양한 취미생활도 시켜주고 싶었던 것이다. 그 덕에 우리는 배울 수 있는 기회를 누리게 되었고, 집에 돈이 있는지 없는지는 한 번도 생각조차 못해봤기에 그저 즐겁게 배웠다. 학교에 가면 특별한 노력을 하지 않고 수업에만 집중해도 초등학생 때는 반에서 1등을 했고, 전교 1~2등을 한 적도 있었다.

"가랑이가 찢어질 만큼 어렵게 돈 들여서 가르쳐 봐야 아무 소용도 없다."

입버릇처럼 말하던 엄마의 후회 섞인 한탄은 그저 아버지께 미안해서 하는 말이었을 뿐이다. 사실 나는 그것이 나의 자양분이 되어 지금의 내가 되었다고 믿는다. 그때 배웠던 피아노를 통해 음감이 형성되어 그 후 학교에서 합창단원으로 활동하며 수상을 하기도 했고, 지금은 작곡을 하고 있다. 당시 미술을 배워서 학교에서 미술시간에 재미있게 재능을 펼치며 우수한 성적을 받을 수가 있었고 현재도 유화작업을 하며 마음을 정화한다. 옛날에 글짓기 수업을 통해서 글쓰기에 대한 관심이 생겼고 재능을 발견해서 각종 논술대회의 상을 받기도 했고, 학사, 석사과정에서 우수논문상 후보가 되기도 했으며, 지금은 작가가 되었다. 확언하건대, 엄마가 내게 다양한 교육을 받게 했기에 지금의 내가 있다. 그런 경험들이 있기에 모든 것이 합쳐져서 현재의 내가 된 것이다.

영어 관련 직업 경험

영어강사를 하면서 이직을 준비할 때 영문과를 졸업했기 때문에 영어에 관련된 일만 구할 수가 있는 것 같아서 다른 쪽 일을 구하고 싶었지만 쉽지 않았었다. 그때 괜히 영문과를 고집해서 입학했다는 생각을 많이 했었다. 만약 다른 과에 지원했었다면 더 재미있고, 지

꽤 괜찮은 사람의 유쾌한 반성

금보다 그 분야에서 더 성공하지 않았을까 하고 생각한 적도 있었다. 이직을 하기 위해 어느 날은 직업적성검사도 해봤다. 그랬더니 언어능력이 발달했고, 강사 직업이 잘 맞는다고 나왔다. 그때는 그것을 믿고 싶지 않았지만 그렇게 나왔다. 어쨌든 당시에는 괜히 그 길을 택해서 직업 경력까지 연결되는 바람에 다른 분야로 쉽게 바꾸지 못하게 된 것이라는 생각이 들었다.

그러나 책을 쓰고 있는 지금은 대학시절에 배웠던 영시, 영미소설, 영문학 등이 글을 쓰는 것에 도움이 되고, 한영/영한 번역을 했던 경험은 내가 쓴 글을 영어버전으로 번역을 할 수도 있게 될 테니 잘 했다는 생각으로 바뀌었다. 또 강의 경험이 있으니 적어도 내가 쓴 책의 저자 강연회를 할 때 긴장을 덜할 것이고, 앞으로도 내게 유용할 것이다. 다른 작가들이 가지고 있지 않은 다른 경험과 기억, 지식들을 가지고 있다. 그것이 나의 개성이고, 장점이 될 것이라고 믿는다.

02

독립생활과
다섯 번의 이사

　직장에 다니다 보니 출퇴근을 편하게 하고 싶어졌고, 자유를 누리고 싶어졌다. 그래서 직장에서 가까운 곳에 살면서 집에서 독립을 하여 생활하게 되었다.

　직장생활로 바쁠 때는 오히려 없는 시간을 쪼개어 더 많은 것들을 하고 살았던 것 같다. 퇴근하고 맛집에 찾아가서 긴 줄을 기다리고 서 있기도 했다. 한때는 저녁을 먹고 나서 옷을 리폼하기 위해 집에서 할 수 있는 재봉틀을 구입해서 청바지 사이즈도 줄이고, 재킷을 다른 모양으로 바꾸기도 하며 밤새 인도영화를 틀어놓고 보면서 열심히 고쳐 입어보며 거울로 이리저리 비춰보았다.

　같은 직장사람들 모임과 동창모임, 교회모임, 같은 자기계발을 하고 있는 사람들의 모임 등에 참여하기도 했다. 가끔씩은 지인에게 좋은 사람이라며 남자를 소개 받기도 했다. 시내에 살아보고 싶다며 서울 도심 한복판에 이사를 가서 집 근처인 명동, 숭례문, 남대문,

서울N타워 등에 나가서 구경하다가 밤늦게 들어오기도 하고, 카페에 가서 커피를 마시다가 들어오기도 했다.

방학이면 싱가포르, 칭다오, 홍콩, 미국, 마카오 등 해외에 나가서 그곳의 지하철과 버스를 타고, 그곳의 현지인들이 자주 가는 로컬음식도 먹고, 그들이 자주 즐기는 야시장에 가서 그들이 시키는 음식을 먹고, 그들 사이에 유행하는 쇼핑센터에 가보았다. 그들이 휴일에 즐기는 곳에 가서 나도 그 느낌을 느껴보고, 그들의 전통을 체험해보고, 그들의 신앙이 깃든 사원을 둘러보기도 했다.

시간이 없으면 새벽에라도, 주말에라도, 짧게 남은 방학기간에라도 다 해보았다. 건강을 챙겨야 한다며 무공해 식재료를 구입해서 블로그나 요리책을 보며 반찬을 만들어서 먹기도 했다. 귀찮을 때는 영화를 틀어놓고 배달음식을 시켜서 몇 시간이고 잠이 들 때까지 보며 그 세상 속에 빠져들기도 했다. 그때는 그런 열정도 있었고, 바보같은 무모한 짓도 다 도전해볼 용기가 있었다.

하지만 독립생활이 좋은 점만 있는 것은 아니었다. 매달 월세로 지출하는 돈을 아끼려고 더 싼 집을 알아보러 다니는 것이 일상생활이었다. 당시 서울에 부자 동네 빼고는 다 돌아다녔다. 처음에는 시세도 알아보고 여기저기 집을 구경하는 것이 마냥 신나기도 했다. 그러나 돈을 아끼려다 보니 보증금이 싼 곳을 알아봐야 해서 조건들 중에 포기해야 하는 것이 많아졌다. 마땅한 곳을 찾는 것이 하늘의 별 따기였다. 언덕배기를 오르기도 하고, 골목골목 헤매기도 하고, 옥탑 방이나 지하를 보기도 하는 등 서울 하늘 아래 있는 비싼 집을 뺀 별의별 집을 다 봤다.

　나중에는 소음 때문에 이사를 두 번이나 한 것까지 독립했던 6년 동안 다섯 번이나 집을 옮겨 다녀 여섯 곳의 집에 살았었다. 집을 알아보러 다니다가 발이 붓고, 밤이 되면 다리에 쥐가 났고 몇 번씩 깨어서 굳어진 다리를 잡고 아무 방법도 없이 풀릴 때까지 기다려야 했다. 집을 계약하는 과정에서 기분이 나쁘거나 손해를 보는 일도 생기자 더이상 악한 사람들에게 당하지 말자며 따질 때를 대비해 말할 근거를 찾아두기고 하고, 거울을 보면서 무서운 표정을 짓는 연습도 하고, 조목조목 논리적으로 말하는 연습을 하기도 했다. 나와 룸메이트는 어렸고 여자들이라서 돈에 관련해서 처음 만난 사람들이 우리를 무시하거나 사기를 치려는 사람들이 많다는 생각이 들었고, 더 이상 당하지 않기 위해서 일처리를 할 때 더 철저해지고, 눈빛도 매서워져 갔다.

　층간 소음으로 위층 아주머니와 거의 발차기 등의 몸싸움을 할 뻔한 적이 있었고, 교통사고를 당했을 때 가해자가 너무 뻔뻔한 태도로 싸움을 걸어서 따졌던 적도 있었다. 집 안에 우글거리는 개미떼들을 소탕하기 위해 애를 쓴 적도 있었고, 옥탑방에 살게 되면서 한여름의 더위를 겪고, 한겨울의 추위 때문에 방 안에 텐트를 치고 살았던 날들이 있었다.

　혼자 독립해서 생활했을 때의 거의 6년간의 삶은 자유로운 대신 그전까지 부모님과 함께 살 때 편하게 누리면서 살았던 것과는 다른 생활이었다. 집을 구하고 대출을 받아 계약을 하고 이사준비를 하고 가구, 가전제품, 생활용품까지 전부 다 스스로 해결해야만 했다. 식사를 하더라도 재료를 사서 직접 요리해야 먹을 수가 있고, 소음 문제, 오래된 시설 수리 문제 등의 집을 관리하는 것도 모두 나의 몫이었다. 독립한 내 전세, 월세 집은 나의 손이 거치지 않은 곳이 없었고 고생도 많았다.

왜 사서 고생을 하냐고 주변 사람들은 이해할 수 없다고들 했다. 그러나 나는 모든 것을 혼자 처리할 수 있는 능력을 키울 수가 있었고, 나름대로 잘 운영해서 스스로 뿌듯한 적도 많았다. 또한 힘든 부분들을 그동안 부모님이 다 해준 덕에 내가 편하게 누리면서 살 수 있었음을 알게 되어 작은 모든 것에도 감사하게 되었다. 그동안 나름대로 느낀 것이 많았기에 조금은 더 어른이 되었다. 바보 같았어도 그때 아니면 느낄 수 없는 것들이고, 그때의 모든 좋았던 일들, 나빴던 일들을 떠올리면 그것들이 내게 소중한 추억이고 나의 자산이라는 생각이 든다. 혼자 지낼 때 크고 작은 사고를 겪으면서 몸도 힘들었고, 사기도 당한 적이 있었기에 몸과 마음이 지쳤지만 그만큼 더 성장했다고 믿는다.

'젊어서 고생은 사서도 한다'는 말이 있다. 물론 나는 이 말을 좋아하지는 않는다. 하지만 나는 6년간 독립해서 살면서 고생을 사서 했다. 그냥 부모님과 계속 살았다면 아무 고생 없이 부모님의 그늘 아래 편하게 지냈을 것이다. 하지만 나에게 독립은 두 가지의 큰 의미가 있었다.

첫 번째는 언젠가 꼭 독립생활을 해보고 싶은 꿈이 있었다. 나는 여러 가지 특징 중에 소심하고 겁이 많은 성격이 있다. 그래서 안전한 울타리 안에 있는 것을 좋아하면서도 동시에 새로운 것에 대한 궁금함이 있었다. 이십대 후반이 되어서야 용기를 낼 수 있었다. 물론 그 일로 엄마는 많이 서운해 했었지만 나는 다섯 번의 이사를 통해 여러 형태의 집에 살면서 모든 것을 스스로 처리해야 했던 일들이 앞으로의 삶에서도 혼자 살게 될 것에 대한 막연한 두려움을 없애는 것에 큰 역할을 했다.

그리고 모든 것을 혼자서 하는 것에 익숙해져서 남에게 의존하는 성향을 고칠 수가 있었다. 또한 '혼밥, 혼자 여행, 혼자 쇼핑' 등 나는 남을 의식하느라 예전에는 하지 못했던 일도 독립한 이후로 식당에 가도, 카페에서도, 여행지에서도 사람들을 의식하지 않고 혼자 할 수 있게 되었다. 이제는 오히려 혼자 다니는 것이 편하고 익숙해졌다.

두 번째는 집안일을 하는 것이 몸에 배어 일상이 되었다는 것이다. 옛날에 부모님과 살았을 때는 집안일을 거의 해본 적이 없었는데 독립하면서 처음 1~2년은 힘들었지만 그 후에는 적응이 되어서 이제는 가족들과 함께 살아도 내가 집안일을 많이 하고 있다. 앞으로 누구와 함께 살더라도, 아니면 혼자 살게 되어도 스스로 모든 것을 할 자신이 있고, 같이 사는 사람들에게 도움을 줄 수도 있을 것 같아서 기쁘다.

꽤 괜찮은 사람의 유쾌한 반성

03

무(모)한 도전

다이아몬드를 캐러 미국에 건너가다

고등학교에 근무하던 여름방학 어느 날이었다. 나는 어릴 때부터 피아노를 배웠고, 작곡하는 것을 꿈꾼 적도 있었기에 시간적 여유가 있을 때 작곡을 위한 미디 프로그램을 배우기 위해 실용음악학원에 등록해서 다니고 있었다.

룸메이트는 우연히 신문기사에서 미국 아칸소 주에 있는 다이아 몬드 공원에서 다이아몬드를 발견해 그것을 들고 웃으면서 찍은 미 국인 여자 꼬마 애 사진을 보았다. 거기에 가서 다이아몬드만 캐오 면 이제 모든 고생은 끝날 것이라고 했다. 나는 처음에 말도 안 된다 며 그런 목적으로 가느니 그냥 미국에 여행을 다녀오는 게 오랜만에 실컷 놀기라도 하니까 돈이 안 아까울 것 같다고 말했다. 하지만 매 일 다이아몬드 이야기만 듣다보니 어느새 티켓을 예매하게 되었다.

그리고 다이소에 가서 목욕탕 의자와 호미를 구입했다. 어쨌든 그렇게 해서 갑자기 아칸소 주에 가게 되었다.

중간에 댈러스 공항을 경유하여 아칸소 공항에 도착해서 미리 예약한 렌터카 닛산 알티마를 찾았다. 고속도로를 거쳐 예약해둔 작은 호텔에 도착했고, 그곳에서 차로 30분 이내로 달리면 다이아몬드 공원이 나왔다. 그곳에서 방학기간 내내 목욕탕 의자에 앉아서 호미로 다이아몬드를 캐기 위해 땅을 팠다. 그리고 우리가 눈으로만 봐서는 다이아몬드인지 루비인지 잘 구분이 가지 않기 때문에 캐자마자 물로 씻어서 채에 걸러 보석감정사에게 가져가 감정을 받아야 했다. 농사도 안 지어본 나는 미국에 가서 나타날지 아닐지도 모르는 다이아몬드를 캐기 위해 열심히 뙤약볕에서 땅을 파고 있었다.

그곳에서 다이아몬드를 캐러 온 사람들은 다른 주에 살고 있는 미국인들이 대부분이었다. 한국에서 거기까지 가서 캐고 있는 우리 모습이 우스웠지만 그들이 열심히 하고 있는 모습도 신기했다. 어떤 사람들은 가족 전체가 와서 아기들까지 같이 캐고 있었다. 저들도 돈 벌기가 힘이 들어서 인생 대박을 바라며 이곳까지 온 건가 싶기도 했다.

절약하기 위해 근처 모텔을 옮겨 다니면서 숙박을 했는데 어떤 곳은 방 안에 담배 냄새로 가득 차 있어서 들어가자마자 문을 열고 잘 때까지 환기를 시켜야 하기도 했고, 그래도 냄새가 안 빠지자 잘 때 문을 열어놓고 자기도 했다. 음식은 거의 근처 월마트에 가서 사온 음식을 먹거나 다이아몬드공원 내 작은 식당을 이용하기도 했다. 대부분 맥도날드에 가서 먹을 때가 많았다.

어느 날은 맥도날드에서 식사를 마치고 밤이 되어 차를 타고 모텔로 가려는데 경찰차가 따라왔다. 차를 세우라는 경고를 받았는데 나는 교통을 위반한 적이 없어서 이상했다. 알고 보니 야간운전을 할 때는 전조등을 시동 걸기 전에 켜고 걸어야 하는데 시동을 건 후에 켰기 때문이란다. 국제면허증을 보여주었고, 관광객인데 이 근처 모텔에서 투숙하고 있다고 했더니 다행히 경고 몇 마디를 하고나서 보내주었다. 다이아몬드로 한 방 인생이 되려고 미국까지 가서 괜히 범죄자가 되는 줄 알고 운전대를 잡고 있던 내 손은 떨렸다.

어떤 날은 하루 일정을 마치고 모텔로 돌아가는 길에 분명 차 앞쪽은 화창한데 차 뒤쪽에서 시커먼 비구름이 소용돌이치는 모양으로 토네이도가 회오리치듯 한 것이 막 따라 오고 있었다. 낙엽이 회전하더니 재난영화에서 많이 보던 장면처럼 희한한 바람이 몰려오고 있었다. 너무 신기하면서도 공포감이 들어 소리를 지르면서 액셀을 더 세게 밟았다. 가다가 이러다가는 태풍이 우리 차를 덮칠 것만 같아서 중간에 있던 빨래방 주차장에 차를 세우고 번개 같은 속도로 빨래방으로 뛰어 들어갔다. 들어가고 바로 1초 후에 투명한 유리를 통해 본 건물 밖 모습은 큰 회오리가 낙엽들을 빨아들여서 소용돌이치며 마을을 순식간에 뒤덮고 있었다. 빨래방도 그 충격으로 건물이 흔들리는 느낌이 들었다. 그래서 문이 열리는지 또다시 확인했다. 얼굴이 하얗게 질렸고 별별 생각이 다 떠올랐다.

몇 초 정도 후에 그나마 정신을 차리려고 주위를 둘러보니 우리 외에 한 사람이 더 있었다. 같은 빨래방 안에 우리와 함께 태풍을 피한 남자로 추정되는 키 185cm 정도의 올 블랙 운동복 상, 하의를 입은 사람이 가만히 서 있었다. 그는 상의가 검정색 후드티인데 모자로 얼굴 전체를 가린 채 움직임 없이 가만히 서 있었다. 여름 공포영화를 너무 많이 봤던 탓인지 얼굴도 검게 가려져 있고 큰 키에 미동조차 없는 모습이 마치 그림자 같기도 하고, 영화 속에 나오는 킬러같이 느껴지기도 했다. 나중에 바람이 잔잔해지자 모텔로 돌아가는데 늘 지나치던 마을의 예쁜 꽃으로 장식된 공동묘지가 나오자 평소에는 밝은 느낌이었지만 그날따라 왠지 음산하게 느껴져서 나도 모르게 속도를 내고 있었다.

마지막 귀국을 앞두고 있던 날은 비가 억수같이 내렸다. 그래도 하루라도 더 캐다보면 혹시라도 다이아몬드를 발견할까 하는 막연한 기대감에 포기하지 않고 비옷을 입었다. 그러나 다이아몬드는 그저 꿈일 뿐이었다.

한국으로 돌아가는 항공기를 타고 경유지에 갔는데 기상악화로 비행기 일정이 취소되어 항공사에서 고급호텔 숙박권과 다음날 비행 일정인 대한항공 티켓을 보상해주었다. 하지만 중간에 수하물이 꼬였는지 우리의 여행 가방이 분실되었고, 호텔에 갔지만 짐이 없어서 아무것도 할 수가 없이 그냥 다음날을 기다려야 했다. 대한항공

꽤 괜찮은 사람의 유쾌한 반성

을 타고 한국에 돌아가는 것은 그나마 편안하게 갈 수 있을 것 같아서 안도했다. 며칠 후 짐이 돌아왔다. 만신창이가 된 짐 꾸러미도 마치 파김치가 된 내 모습 같았다.

지금 생각해보면 참 우스워 보일 수 있는 경험이었다. 나도 일확천금을 꿈꾸는 마음으로 했던 노력이 지금은 헛된 일로 느껴진다. 차라리 그 돈으로 놀러가서 재미있게 즐기고 왔다면 즐거운 추억이라도 남았을 텐데 아쉽기도 하다. 아니면 현실적인 방법으로 돈을 벌 방법을 택했다면 어땠을까 싶기도 하다.

하지만 나는 그때 담배냄새가 짙게 밴 미국의 허름한 모텔에 장기체류를 하며 그곳에서 차를 몰고 다니며 빨래방에도 가고 마트에서 장도 보고 주유소에서 셀프 주유도 하면서 그곳의 주민들이 하는 생활을 했다는 것에 의미를 둔다. '아칸소 주에서 1개월 살아보기'를 제대로 한 셈이다.

처음은 누구나 잘 모르기에 고생하지만 익숙해지고 나면 그것은 별로 어렵지 않다. 외국 생활은 잠깐이지만 내게 큰 의미가 되었다. 비록 경찰의 단속에 걸려서 교통지도를 받기도 하고, 짐 꾸러미를 잃어버려서 집에 제대로 도착할 수 있을지 걱정되고 난감하기도 했지만 그 일들로 나는 이제 해외에서 어떤 일을 겪어도 고생이라 느끼지 않을 것 같다.

하루아침에 대박이 나기를 꿈꾸지만 않는다면 순수한 마음으로 무엇이든 도전하자. 모든 경험은 배울 점이 꼭 있기 때문이다.

법원 경매 입찰과 부동산 임대업자 도전기

점점 전세 구하기가 힘들어지고, 월세나 반전세가 늘어나고 있었던 때에 집을 구하는 입장이었던 나는 돈을 열심히 벌어도 다 월세로 나간다는 생각이 들었다. 그리고 집 가진 주인들은 편하게 앉아서 매달 돈을 챙기는 구조에 불만이 쌓여갔다. 특히 고대 앞 안암동 대학가에서 살아보니 거의 집주인들이 세입자를 착취하는 수준이라는 생각이 들 정도였다.

그러다가 건물경매에 대해 알게 되었다. 경매로 넘어온 집을 싼값에 낙찰을 받으면 그 집의 주인이 되고 그 건물을 세를 놓아서 월세를 받으면 세상 편하게 살 수 있을 것만 같았다.

경매 사이트에서 전국의 경매로 넘어 온 건물들을 알아보고 목표로 하는 건물에 직접 가서 살펴보고 입찰가를 정해서 그 지역 법원에 신청서를 내고 낙찰을 받으면 입찰가에 경매 나온 집을 자신의 소유로 할 수 있었다. 경매 나온 집에 살고 있는 사람들을 절차에 의해 명도를 하고 나면 그 집에 내가 들어가 살거나 부동산에 내 놓아 세입자와 계약을 해서 월세를 받을 수가 있었다.

당시에 골목을 다니며 살펴보기에 적합한 중고차 마티즈를 싼값에 구입했다. 그 차로 전국 어디에 있는 집이든 보기 위해서 다녔다. 일 끝나고 집에 와서 하는 일이 경매 사이트에 접속해 물건으로 나온 집들을 살펴보았다. 후보 군을 몇 채 뽑아서 내비게이션에 주소를 찍어 무조건 차를 타고 그 지역에 가서 집 상태를 보는 것이 일상이 되었다. 어떤 날은 대전에 있는 아파트도 보고 오고, 인천에 있는 빌라도 보러 가고, 천안에 있던 낡은 주택형 아파트도 보았다. 서울은 거의 안 가본 지역이 없었다.

입찰을 위해 인천 법원, 서울 북부지방 법원 등 각종 법원에 입찰서를 내고 낙찰받기를 기다리던 어느 날 내가 제출한 입찰가보다 만 원 정도의 차이로, 강원도에 사는 남성이 낙찰을 받아서 아쉬웠던 기억이 난다.

경매 노하우를 제대로 배워야 한다던 룸메이트는 경매 책에서 읽었다며 '도겸선생'이라는 경매의 달인을 알아내어 그분의 수업을 주말마다 듣게 되었다. 그 당시 수업료가 한 달에 4번 수업에 1인당 80만 원씩이었다. 건대입구 쪽에 가면 구의역이 있는데 그 근처의 사무실에서 수업이 열렸다. 토요일에 쉬고 싶었지만 참고 그곳에 가서 열심히 배웠다. 교재에 필기까지 하며 졸지도 않고 열심히 들었다. 가끔씩 선생님은 수강생의 인생 멘토로서 상담까지 해주었다. 수업이 끝나고 회비를 걷어서 사무실 근처 식당에서 회식을 하며 이런저런 이야기를 나누며 여러 종류의 직업 종사자들을 만나 볼 수 있었다.

룸메이트는 그 속에서 임원까지 맡아서 열정을 다했다. 한두 달에 한 번씩 정해진 날짜에 도겸 선생님의 지도하에 당시에 경매하기 조건이 괜찮은 지역이었던 홍대 쪽에 모여서 그분의 설명을 들었고 도로변에 있는 건물들과 골목을 다니며 공부했다. 회장을 맡은 김포에 사는 오십대의 여성분이 열심히 준비해온 자양강장제를 나누어 마시며 집 시세와 경매에 대해 선생님에게 질문까지 하면서 따라다 녔다. 그때 내 눈에는 선생님이 마치 공자, 맹자가 제자들을 거느리 며 설명을 해주면 제자들이 스승을 따르는 모습과 비슷해보였다.

경매는 지금도 재테크 방법으로 매력 있는 분야이다. 비록 투자 비용이 넉넉지 않아서 낙찰을 받지는 못했었지만 내 힘으로 감각 을 익혀서 낙찰을 눈앞에서 아깝게 놓친 적이 있기에 언제든 또 돈 을 모아서 도전해 볼 수가 있을 것이다. 실제로 같이 배웠던 분들 중 낙찰 받아서 재테크 수단으로 활용한 사례도 많이 봤다. 직업, 나이, 재산, 사는 동네 모두 다양한 사람들이 모여서 경매를 배울 때 평소 학원이나 학교와 같은 교육기관에서 일하는 사람들만 대했었던 나 에게는 신선하고 재미있게 느껴졌다. 퇴직 후에 온 사람도 많았다. 도전에는 정해진 나이가 없다.

인생대박을 꿈꾸며

강의를 하며 이직을 준비하던 때였다. 그때는 그저 바쁜 생활에 찌들어 몸도 지치고, 직업이나 결혼 등의 일들이 마음처럼 잘되지 않았다. 어떻게 해서든 돈을 한꺼번에 왕창 마련해서 힘들게 살지 않고, 마음껏 쉬면서 살고 싶다는 생각이 머릿속에 가득 찼다.

이베이코리아 인터넷쇼핑몰 창업도전

직장에서 일이 끝나고 우선 이베이코리아 설명회로 향했다. 그것은 당시 인터넷글로벌쇼핑몰 창업열풍이 있던 때라 강남의 한 사무실에서 설명회를 개최했었다. 그곳에서 이베이에 대한 설명을 자세히 듣고, 사용, 운영방법이 적힌 책자를 받아 직접 창업자로 등록해 물건을 올려보기도 했다.

영어 공부방 창업 시도

룸메이트와 함께 공부방 창업을 할 생각으로 노원에 있는 대단지 주공아파트 작은 평수인 11평을 알아보게 되었다. 나는 영어를 가르치고, 그녀는 수학을 가르치면서 유치부~고등부까지 운영하기 위해 수강생을 모집했다. 1층 집을 구해 홍보 현수막도 걸고, 사업자 등록도 하고, 전단지를 만들어서 아파트 단지게시판에 붙이거나 우편함에 넣기도 했다. 장마철에 비를 쫄딱 맞으면서도 모집이 잘되는 것을 상상하여 웃으면서 홍보 전단지를 붙이고 다녔다. 그렇게 해서 영어에 관심이 있는 학부모와 상담하기도 했다.

캐나다 워킹홀리데이 도전

워킹홀리데이는 해외에서 일하는 경험도 쌓고, 그곳에서 번 돈으로 체류하다가 올 수 있어서 장점이 많다고 생각을 했다. 호주가 가장 많이 비자를 주는 나라로 유명했고, 캐나다, 뉴질랜드, 아일랜드, 홍콩 등 다양한 나라에서 워킹홀리데이 비자를 받는 기회가 있었다.

나는 캐나다에 가기 위해 설명회에 참석하고 열심히 신청하는 날짜를 알리는 공지를 손꼽아 기다리며 선착순이라 빨리 클릭하는 연습까지 매일 해 두었다. 캐나다는 그 해에 공지가 계속 미루어지더니 인원수를 반 이상 줄이고 나이 제한까지 두어서 서른살로 넘어가고 있던 나는 결국 신청할 수가 없었다.

한국어 강사 자격으로 해외에서 살아볼까

워킹홀리데이를 못가더라도 한국어 강사가 되기 위한 과정을 이수해 미국이나 홍콩, 싱가포르 등 외국에 가면 한국어 강사로 돈을 벌면서 그곳에서 생활할 수 있을 것 같았다. 당시에 한창 한류열풍이 불어 외국인들의 한국어에 대한 관심이 급증하면서 밝은 미래를 전망했었다. 퇴근을 하고나서 학점은행 사이트에 가서 한국어 강의를 듣고, 매 과제를 제출하기도 하고, 중간고사, 기말고사를 보고 학기를 마치는 것이어서 한학기마다 거의 대학 학자금 수준의 돈이 들었다. 퇴근 후에 놀지도, 쉬지도 못하고 열심히 두 학기 정도를 이수했을 무렵에 이제 한국어에 대한 수요가 더 이상 많지 않아서 한국어 강의가 열리지 않는다는 것을 알게 되었다.

테이크아웃 카페를 열어보자

한창 워킹홀리데이를 가고 싶었을 때 해외에서 한국어 강사 외에 바리스타 일을 하면서 체류할 수가 있을 것 같다고 생각한 적이 있었다. 그리고 평소 카페에 가서 커피를 마시며 여유로운 분위기

꽤 괜찮은 사람의 유쾌한 반성

를 느끼다보면 커피 바리스타가 되어 카페를 차리고 싶은 마음을 한 번쯤 하게 되듯이 그렇게 바리스타 자격증을 취득하게 되었다. 하지만 당장 카페를 차릴 돈의 여유가 없어서 강사 일은 계속하던 중이었다. 그러면서 주말에 행사장에 출장을 가서 커피를 제공하는 식의 커피 케이터링을 해보자는 생각이 났다. 하지만 쉽지가 않았다.

당시에 청년 창업을 지원해주는 정책의 일부로 푸드트럭을 허가하는 법이 생겼다. 그래서 트럭을 구입하기 위해 알아보고, 카페트럭을 창업하려고 청년창업지원신청을 하기 위한 것도 작성하기도 했다. 하지만 알아보니 조건에 해당하지 않았다.

예전에 안암오거리 큰길에 오래된 오피스텔 꼭대기층으로 살았던 당시 자주 갔었던 특이한 더치커피 카페가 문득 생각이 났다. 맛에 깊이가 있고, 추출방식도 특이하고 풍미가 있었기에 더치커피를 만들어서 인터넷으로 팔면 좋을 것 같았다. 스스로 이름도 짓고, 로고를 디자인하기도 했다. 주변사람들 몇몇에게 팔아보니 맛있어 하기도 했다. 그 후에 작은 테이크아웃 카페를 차리기 위해 꾸준히 알아보다가 청량리역 대로변에 있는 작은 가게를 인수하기 위해 가서 여러 가지를 살펴보고 고민하기도 했었다. 나중에 한창 건물 경매, 공매를 배우고 알아보러 다닐 때는 경매해서 낙찰된 1층 집을 카페로 개조할 생각에 골목마다 찾아다니며 알아본 적도 있었다.

마카오에서 잭 팟을 꿈꾸다

홍콩은 규모가 큰 나라는 아니지만 여행 가기에 좋은 날씨를 가지고 있고, 쇼핑센터를 구경하기도 편하고, 야경이 예쁘다. 한국과 멀지 않아서 잠깐 다녀오기도 좋다. 경제적인 면에서도 할인기간을 잘 이용한다면 절약할 수 있다는 장점이 있다. 룸메이트는 예전에 홍콩에 혼자 가봤는데 자유여행하기 편하고, 음식도 맛있다며 같이 가자고 했다. 그 뒤로 홍콩만 세 번 정도 가게 되었다. 홍콩에서 페리를 타고 30분~1시간 정도만 가면 마카오에 갈 수 있다는 것을 알게 되었고 그곳에도 잠시 들르기도 했다.

그러다가 그녀는 어느 날 주말 밤비행기로 출발해서 일요일 밤에 한국에 도착하는 일정으로 마카오만 가서 주말동안 내내 카지노 슬롯을 하다 보면 잭 팟이 터질지도 모른다고 했다. 그렇게 되면 인생 대박이 나서 화려하게 누리며 편하게 살 수 있을 거라고 확신을 하더니 나에게 가자고 했다.

그 말에 나는 다시 한 번 말도 안 된다고 했고, 말다툼이 일어났다. 그러나 며칠 후 주말동안 나는 어느새 마카오에 있는 한 카지노 호텔에 도달했고, 잠도 안 자고 열심히 슬롯 기계 앞에 앉아서 계속 바를 당기고, 버튼을 누르고 있었다.

호텔리어들은 내 주변에서 때가 되면 미소와 함께 카스텔라와 우유를 준비해 제공해주었다. 그때는 무슨 정신으로 했는지 모르겠지만 화장실 갈 새도 없이 열정을 불살랐다. 한국으로 귀국하는데 영화처럼 잭 팟이 터지지는 않았고, 그저 마카오 카지노호텔의 카스텔라만 추억처럼 머릿속에 남아있게 되었다.

꽤 괜찮은 사람의 유쾌한 반성

로또와 연금복권이 일주일을 부자로 만들다

복권을 사자는 룸메이트의 말에 코웃음을 쳤다. 그녀가 로또 복권 번호가 꿈에 나왔다며 샀다. 비록 1, 2, 3등은 되지 않았지만 5등인 5만 원에 당첨이 된 적이 있었다. 또한 천 원이면 한 장을 살수 있는 연금복권에 당첨되면 20년간 한 달에 500만 원씩이 나온다고 했다. 이것은 그 당시 내 월급보다 훨씬 많은 액수가 아닌가. 매주 수요일마다 추첨을 했고, 그것을 위해 행복한 기다림 끝에 당첨의 꿈을 일주일동안 꿀 수 있다니 그 돈이 아깝지 않다는 생각이 들기 시작했다. 그래서 매주 연금복권을 색깔별로 구입하게 되었다. 로또복권은 평소에 천 원씩 주고 샀고, 자동으로 또는 수동으로 마킹을 했다. 복권 판매점 중에 마들역에 스파 편의점이라는 곳이 있는데 그곳은 평일에도 많은 사람들이 줄을 서서 구입을 하고, 주말에는 줄이 너무 길어서 오랫동안 기다려야 살 수가 있었다. 이미 유명해서 TV에도 몇 번 나온 집이었다. 1등 당첨자가 여러 번 나온 집이란다. 나도 노원역 주공아파트에 독립해 살았을 때 마들역과 가까워서 가끔 그곳에 가서 구입하곤 했었다.

주식투자로 사람도 잃고 돈도 잃다

약 7년의 영어강사 일을 마치고 나서 얼마 안 되어 서울에 있는 대학교 교학팀 소속 영어 연구원으로 일을 하게 되었다. 당시 노원 주공아파트 전세계약기간도 만료가 되고, 룸메이트는 위층의 소음을 견딜 수가 없다고 호소를 해서 내가 근무하던 대학교 근처였던 남산타워 아래에 서울역 근처에 있는 용산으로 그녀와 함께 이사를 했다. 대학연구원 신분으로 대출을 껴서 전세를 구하게 된 것이었다. 하지만 얼마 못가서 룸메이트가 무릎연골이 약한데 집에 가려면 가파른 언덕을 올라가야 했고, 그녀는 또다시 새로 이사 간 집 위층의 소음을 참기가 힘들다고 고통스러워해서 같은 동네의 옥탑방 월세로 이사를 갔다.

그러면서 노원 주공아파트와 용산 전셋집에 묶여있던 나의 전 재산은 룸메이트가 모두 관리를 하게 되었다. 월세로 이사를 가서 보증금이 많이 필요하지 않았기에 그녀는 자신이 모은 돈과 그녀의 어머니의 돈, 그리고 내가 맡긴 목돈을 한진해운 주식에 투자했다. 그러나 얼마 안 되어 부도위기로 주식이 거의 휴지조각이 되고 말았다.

나는 이 일을 통해서 비록 사람도 잃고, 돈도 다 날렸지만 더 이상 일확천금을 기대하면서 살지 않게 되었다. 무조건 한방의 대박을 꿈꿨지만 그런 일은 일어나지 않았고, 아마 일어났어도 내가 정신 차리지 못하고 그 돈을 다 낭비하게 됐을 수도 있었다. 노력하지 않고 한 번에 이득을 얻어 그 돈으로 평생을 편하게 살고 싶다는 생각은 헛된 것임을 절실히 알게 되었다. 그리고 땡전 한 푼 없어지자 신께 제대로 무릎 꿇어 기도하게 되었고, 돌아갈 수 있는 곳은 부모님 밖에 없다는 것을 깨달았다. 이 일로 가족과 화해할 수 있는 계기가 되었다.

지금은 이런 무모했던 도전들을 했을 때 실패해서 감사하다는 생각이 든다. 남들의 기준에서 가장 중요한 돈을 나의 목표로 삼고 여러 가지 노력을 하고 고생을 했었다. 당시 나는 나 자신에 대해서 너무 모르고 있었다. 그저 남들이 사는 대로 내게도 똑같은 기준을 적용하려고만 안달했었다.

　아침에 눈을 뜰 때 나는 왜 늘 불안했을까. 예전에는 나도 꼭 남들과 똑같은 패턴으로 살아야만 되는 줄 알았었다. 그랬기에 내게 주어진 방학기간이나 휴가 때도 나는 마음 편히 쉰 적이 없었다. 직장에 다니면서도 항상 뭔가를 배우러 다니거나 다른 일을 하고 있어야 마음이 놓였다. 그저 무엇에 늘 쫓기는 기분으로 무엇을 위해서 노력하는 것인지 모른 채 바쁜 생활을 하고 있었다. 누구를 위한 노력인지 지금 생각하면 허무하다. 그 시간에 충분히 쉬면서 다음을 위한 충전의 시간을 보내어 새롭게 또 도약할 힘을 만들 수도 있었을 것이었다. 나는 내가 무엇을 좋아하고, 어떤 것을 잘 하는지는 정작 생각하지 못한 채 그저 다른 사람들이 하는 것을 나도 따라하고 있었다. 그러니 열심히는 살았지만 진정으로 그 노력의 결실을 맺을 수가 없었다.

다시 집으로

용산에 독립해 살고 있던 나는 공무원 시험을 준비한다며 상계동에 있는 부모님 집으로 돌아왔다. 방에 들어서자 한꺼번에 천 가지, 만 가지 생각이 들었다. 그리고 부모님께 고맙고 죄송해서 며칠 동안 얼굴을 똑바로 보고 말하기가 어려웠다. 부모님은 내가 공부한 지 얼마 안 되고 아직 시작하는 단계인 줄 모르시고 이미 시험 볼 준비가 다 되어서 합격만 하면 되는 줄 알고 계셨다. 한때 교통사고 후유증 치료를 받으면서 시험을 준비할 것인지 고민을 하고 어떤 것인지 알아보기만 하는 기간이 있은 후에 나중에 결정을 하고 공부를 시작하기까지의 기간을 거쳐서 2월부터 기본 이론 인터넷강의 수업을 듣기 시작했고, 4월 초 부모님 집에 들어가면서 확실히 공부를 시작하게 된 것인데 매번 그렇게 말씀 드렸지만 그 당시에는 그냥 하는 말인 줄 아셨다.

집에 들어가서 며칠 뒤에 바로 국가직공무원 시험이 있었다. 나는 아직 기본 이론도 다 못 본 상태에서 시험을 치르게 되었다. 그래도 시험장 분위기를 경험해야 앞으로 도움이 될 것 같았다. 공무원 시험에 도전할지 고민할 당시 기출문제를 풀어본 적이 있었다. 영어를 제외하고는 각 과목 당 100점 만점에 평균 10~20점이 나왔었다. 특히 법이나 행정학 같은 과목은 생전 듣도 보도 못하던 학문이었다. 기본개념과 용어가 생소했다.

많은 양의 공부를 머릿속에 정리하기 위해서는 시간이 많이 필요했다. 시험장에 가보니 이십대 초반으로 보이는 사람들이 대다수였다. 대학 전공으로 행정학과를 졸업하고 바로 공무원이 된 친구에게 물어보니 도서관에 가서 하루에 순수 공부시간을 13시간 이상 했단다. 나는 그 말을 듣기 전에는 기껏해야 7시간 하고 많이 한 줄 알았다. 그 친구의 조언을 듣고 바로 실천했다.

새벽 2시에 자고 6시에 일어나서 엄마가 싸주신 점심, 저녁 도시락과 이론책, 문제집을 싸서 도서관으로 향했다. 도서관 문을 여는 시간인 아침 7시부터 시작해서 점심, 저녁에 도시락을 먹고 양치하러 화장실에 갈 때를 제외하고는 밤 11시 문 닫을 때까지 책과 함께 했다. 집에 돌아와서 씻고 다시 방에 들어와 책상에 앉았고 2시까지 책 내용을 확인하며 외우고 잠들기를 반복했다. 살면서 그렇게 무언가를 집중해서 열심히 해본 적이 있었나 싶다.

교통사고 후유증으로 병원에 물리치료를 갈 때와 일요일에 교회 가서 기도드릴 때를 제외하고는 늘 책에서 눈을 떼지 않으려고 했다. 샤워할 때마다 합격과 건강을 위해 살려달라고 기도를 했다. 샤위기로 뿜어져 나오는 시원한 물줄기를 맞으며 흐르는 눈물을 씻어 냈다. 물소리가 나는 동안 소리 내어 울 수 있었다. 공부하는 것이 힘들고, 몸이 아파서 힘든 것도 다 참을 수 있었지만 내 돈을 다 날리고, 서로 돕기로 한 약속도 지키지 않은 사람에 대한 배신감이 밀려와서 순간순간 머리끝에서부터 전기가 오듯이 뜨거워지곤 했다.

현재 점수는 바닥인데 앞으로의 미래가 깜깜하게 느껴져 한숨조차 쉴 여유가 없을 정도였다. 나는 뭐라도 해야만 했다. 생각이라는 것을 하면 가슴이 조여 오고, 명치에 뭔가 꽉 막고 있는 느낌이 나면서 가슴 가운데에서 열이 나와 불타는 듯했다. 답답한 느낌이 가득 찼을 때마다 명치를 주먹으로 꽝꽝 때려야 했다. 공부에 집중하는 시간 외에 화장실을 가거나 병원에서 치료를 받거나 할 때는 자꾸 막막한 생각이 나고 배신감에 점점 미쳐가는 것 같았다. 어떤 때는 혼잣말도 하고 있는 나를 발견했다. 그래서 더 공부에 집중하게 되었다. 다행히 한 달, 두 달, 석 달… 시간이 지나면서 성적이 오르고 발전이 눈에 보였다. 그래서 포기를 할 수가 없었다. 주변사람들과 연락을 하면 내 성격에 분명 신경이 쓰일 것이라서 주변 사람들에게 합격하면 다시 연락한다고 말했고, 항상 전화기를 무음으로 해 두었다.

매일 같은 자세로 앉아서 외우고, 문제 풀고를 반복하니 몸이 굳어져서 결리다가 나중에는 팔과 고관절에 담이 걸리거나 마비되기도 했다. 몸 여기저기 파스를 붙이고 진통제를 먹는 날이 많았다. 엄

꽤 괜찮은 사람의 유쾌한 반성

마는 그런 나를 안쓰러워했고, 최대한 건강을 회복시키기 위해 식이요법을 하며 음식을 신경 써서 챙겨주었다. 아버지는 내가 공부만 할 수 있도록 환경을 안정적으로 만들어주었다. 엄마는 새벽마다 나를 위해 기도하러 새벽기도에 갔고, 출근을 하면서도 내 도시락 두 개씩(점심, 저녁)은 꼭 싸줬고, 책이 많아서 짐이 무겁다고 아침마다 나를 도서관까지 태워다주었다.

아버지는 살이 쪄서 땀이 많은 딸이 옷을 자주 빨아야 해서 빨랫감이 많았지만 자주 빨래를 하고 내 양말까지 예쁘게 접어서 내 방 침대 위에 그것들을 다림질까지 해서 갖다두곤 했다. 시험을 치르는 날이 다가오자 내게 필요한 각종 약을 사다 주고, 소음으로 힘들어하면 바로 해결해 주었다. 조용한 환경을 위해 음악을 좋아하지만 내가 집에 있을 때는 기타를 치거나 노래를 부르는 것을 멈추고, TV조차 볼륨을 낮추거나 보지 않을 때가 많았다.

나는 고혈압, 당뇨 약을 먹으면 기운이 없어졌기에 공부를 위해서 약을 끊고 엄마가 해 주는 자연식 집 밥만 먹었다. 몇 개월 사이에 살이 5kg이 빠지면서 조금씩 건강해지는 것 같았다. 시험 날이 되면 항상 아버지가 차로 데려다 주었고, 다 끝날 때까지 주차할 곳이 없어서 주변을 돌며 기다리다가 끝나면 나를 태워 집으로 향했다. 그때마다 나는 저번보다 점수에 많은 발전이 있었지만 목표치에 도달하지는 못했다며 고충을 토로했고 아빠는 다 들어주고 격려해 주었다.

시험이 끝나고 집에 오면 엄마가 기도하고 있으면서 내가 좋아하는 닭볶음탕을 해두고 기다리다가 나를 먹이고 실망한 내게 힘내라고 위로했다. 그런 부모님이 있기에 나는 극단적인 선택을 하지 않았던 것 같다.

공부를 처음 시작하면서 많이 힘들어서 친한 대학 동창에게 유일하게 나의 이야기를 모두 털어놓았다. 그녀는 자신이 사업을 하느라 바쁜 가운데도 밤새 나의 하소연을 다 들어주고 내가 기운 낼 수 있게 해주었다. 시험 준비로 연락을 거의 못하고 내가 정신적으로 너무 견디기 어려울 때만 연락할 수밖에 없었다. 그런데도 그녀는 그 모든 것을 이해해주었고, 한 번도 귀찮아하지 않았으며 나를 먼저 챙겨주는 일이 많았다. 나중에 시험이 끝나고 만난 적이 있는데 힘내라고 내게 옷도 사주고, 헤어스타일도 직접 바꿔주었다. 그녀를 통해 나보다 더 고통스러운 상황에 있는 사람들이 많은 것을 알게 되었고, 마음의 여유를 점차 가질 수 있게 되었다.

막막할 때면 한 번씩 동생에게 울면서

"나 지금 무서워. 어떻게 하지?"

그러면 동생은 이유를 굳이 묻지 않아도 그냥 함께해주었다.

"누나처럼 여러 가지 능력이 있는 사람이 굳이 공무원 공부를 하면서 시간을 보내는 거야? 힘들면 언제든 나한테 와. 할 것은 많아."

그 말을 들으면 불안에 떨던 마음이 괜히 안심이 되었다.

모의고사와 시험을 거치고 10~20점으로 시작했던 내 점수는 약 1년 사이에 국어가 90점 이상이 늘 나오게 되었고 다른 과목도 중간에 50~60점으로 오르기 시작하더니 70~80점으로 올랐다. 하나님

꽤 괜찮은 사람의 유쾌한 반성

이 나를 지켜주셨고, 내게 고마운 사람들 덕이었다.

그로부터 1년 사이에 나는 드디어 합격선인 전 과목 모의고사 평균 90~95점이 나오게 되었다. 점수는 힘들게 올렸으니 이제 남은 것은 하늘에 맡기는 것밖에 없었다. 마음속으로 정해놓은 마지막 시험에 응시했고 지금 나는 자유롭게 글을 쓰는 사람이 되었다. 내가 하고 싶었던 것들을 다 하면서 살고 있다. 하늘은 내게 진짜 내가 원하는 삶을 살도록 선물을 주셨다.

그 모든 과정을 거치면서 나는 한 뼘씩 성장을 했고, 그로부터 얻는 교훈이 있었다. 그것을 지금은 글로 표현할 수 있어서 감사하다. 이때 시험을 준비하면서 나는 몸과 마음의 고통을 참고 인내하는 법을 배웠다. 그리고 나도 무엇이든 해낼 수 있는 사람이라는 용기가 생겼다. 잃었던 자존감을 다시 회복하는 계기가 되었다. 어쩌면 이 고통 속에서 나는 방황에 대한 벌을 받는 것 같아서 왠지 모르게 마음의 짐을 덜 수 있지 않았을까. 그러면서 자연히 나는 나 자신을 용서할 수 있었다. 그리고 지금은 다시 나를 사랑하고 있다.

혹시 지금 내가 방황하고 있다는 생각이 드는 사람이 있다면 누군가가 손을 내밀어 줄 때까지 기다리지 말고 스스로 용기를 내어 도전을 시작하거나 돌아가고 싶은 소중한 가족에게 먼저 연락해보자. 그 사람이 나를 외면할 것 같아서 망설여지겠지만 생각보다 사람들은 따뜻하다. 아마 아무 말 없이 받아줄 것이다.

05

하고 싶은 대로
해보자

세상에 태어났고, 아직도 살고 있는데 기왕 사는 것 매일 행복하게 살 수 있으면 좋겠다. 안 그래도 세월이 가고 있는데 슬프게만 보내거나 옛날 생각에만 매어 있다면 시간이 아깝다. 어차피 불만 가득하게 시간을 보내나, 즐겁고 신나게 보내나 누구에게나 똑같이 주어진 공평한 시간이다. 그 시간이 지금 이 순간도 가고 있기에 지금 순간이 나에게 가장 어리고 젊은 순간일 것이다.

내가 무슨 생각을 하고, 어떤 것을 선택하고, 어떻게 사는지에 따라 행복한 삶을 만들기도 하고 불행한 삶을 살기도 한다는 생각이 들었다.

이 세상에 태어난 것은 유명한 천상병의 시처럼 어쩌면 소풍을 온 것인지도 모르겠다. 하루하루를 재미있게 보내면 어느새 그런 날들이 모여서 내 인생이 되어 있지 않을까. 기왕 사는 것 재미있고 즐겁고, 신나게 살고 싶어졌다.

꽤 괜찮은 사람의 유쾌한 반성

그동안 하고 싶은 것이 있었을 때마다 많은 것들을 도전했었다. 지금 생각해보면 왜 했는지 모를 어리석었던 일들도 많았다. 그렇지만 다 해봤으니 후회하지는 않는다.

이직 준비로 최근 몇 년 간 하고 싶어도 나중으로 미루었던 모든 일들을 하나씩 해보기로 했다. 우선 부모님과 함께 보내면서 좋은 추억을 많이 남기기로 했다. 혼자 독립해서 6년간 지내면서는 부모님과 여행도 가본 적이 없었고, 그 후에 부모님과 함께 살면서는 시험공부를 한다면서 하루 종일 도서관과 내 방에서 거의 나오지를 않았다. 육십대의 나이에 아직도 딸내미 옷을 빨래해서 개고 있는 아버지와 딸을 위해 새벽에 도시락을 2개씩 싸고 계신 어머니께 죄송한 마음이 들어서 합격만 하면 꼭 효도하자고 매일 다짐을 했었다.

공부를 마치기도 전에 아버지의 암 선고를 들었을 때 그런 생각이 들었다. 시간은 내 계획에 딱딱 맞춰서 기다려주지 않는다고. 안정된 직장을 가지면 결혼 상대자를 만나서 사랑하는 외할머니에게 인사해야지 하면서 명절 때조차 공부 때문에 찾아가지 못했었다. 하지만 얼마 못가서 그녀가 알츠하이머에 걸려서 나를 간신히 알아볼 정도가 되어버렸을 때도 역시 뭘 위해 내가 살아가고 있는 건지, 내가 행복해지기 위해서 잠시 포기했던 모든 일들을 이제는 하고 싶어도 할 수가 없게 된 현실을 느꼈다.

엄마는 내가 사회적으로 잘 나가는 직업을 갖기를 바라는 것도 아니고, 사람들이 봤을 때 부러울 정도의 남자와 결혼을 하는 것을 바라는 것도 아니라고 했다. 그러면서 그저 내가 파트타임 일을 하거나 돈을 조금밖에 못 벌더라도 스스로 즐겁게 일하면서 돈을 벌고, 그것으로 사회에 좋은 일을 하며 건강하게 사는 것이 소원이라고 했다.

또 돈과 명예가 없어도 나를 아껴주는 착한 남자와 결혼해서 아이들을 키우며 행복하게 사는 것을 봤으면 좋겠다고 했다. 내게 늘 평범하게 삶을 즐기고 만족하면서 사는 것이 제일 좋은 것이라고 한다. 그리고 내가 아직도 만족을 모르고 진로 때문에 고생하며 여기까지 오게 된 것을 보며 눈물짓는다.

나는 왜 그동안 엄마가 나에게 그러라고 말한 적도 없는데 혼자서 수준 높은 학교, 좋은 직업, 완벽한 남자와 결혼 등을 효도하는 것이라고 착각하고 있었을까. 어쩌면 나의 완벽하고자 하는 계획들은 나와는 맞지 않은 욕심이었을지도 모르겠다. 스스로 내가 가진 것에만 만족하는 것이 내게는 세상에서 가장 어려웠다.

부모님에게 복날 삼계탕 사주기, 영화 보기, 김장하기, 강원도 기차여행가기, 남산 둘레길 걷기 등 소소한 일들을 함께했다. 선이 들어오면 만나보기도 했다. 부모님이 여행을 갈 때 여행가방과 커플룩 선물하기, 병원에 같이 가주기, 식사 때 약 챙겨주기, 요리하기, 집안일 하기 등 일상적인 것들이지만 최근 몇 년간 하지 못했던 것들을 했다.

그리고 부모님과 함께 교회 성가대를 하게 되었다. 나 혼자였으면 절대 하지 않았을 것이지만 엄마가 딸이랑 꼭 같이하고 싶던 것이라고 해서 용기를 냈다. 기뻐하는 부모님을 보며 하길 잘했다 싶었다. 부모님의 은혜를 다 갚을 수는 없어도 조금이라도 기쁘게 해줄 수 있는 것이 있어서 다행이다.

잠시라도 제대로 쉴 줄을 모르고 시간이 아까워서 무엇이라도 열심히 하고 있지 않으면 불안해지는 강박 때문에 한동안 잊고 지냈던 나의 취미들을 다시 하기 시작했다. 음악을 들으면서 몇 시간씩 걷기, 헬스장에 가서 운동하기, 피아노 치면서 작곡하기, 유화 그리기, 영화 · 미국드라마 보기, 책 읽기, 자전거 타기, 등산하기, 1일 여행가기, 카페에서 커피 마시기, 친구 만나기 등 평범하지만 내가 좋아하는 것들을 했다.

놀이기구 타는 것을 좋아하는데 조카들이 빨리 아기에서 꼬맹이로 커서 같이 핼러윈 데이에 좀비 행사에도 데려가고, 같이 웃으면서 자이로드롭을 타는 날이 왔으면 좋겠다. 얼마 전 경주에 혼자 가보니 왜 진작 혼자서 여행을 가지 않고 굳이 사람들과 같이 가려고만 했나 싶을 정도로 마음이 편안했다.

마음속의 욕심을 조금씩 내려놓다보니 작은 일에도 감동을 받을 때가 늘어났다. 매일 걷는 데도 공원의 숲길 풍경이 새롭게 느껴지고, 푸른 나뭇잎에 맺힌 이슬을 보면서 웃음 짓게 된다. 밤에 달이 떠있는 방향과 모양, 그 빛의 밝기도 날마다 다르다. 그것을 보고 있으면 마음이 편해지고 크고 작은 소망을 저절로 기원하게 된다. 그리고 예전에 시력이 나빴었다가 각막수술로 시력이 좋아진 사람으로서 아름다운 풍경을 볼 수 있는 눈이 있음에 하늘에 감사드린다.

아직도 하고 싶은 것은 많다. 사람들을 위로해주는 따뜻한 책을 계속해서 쓰고 싶고, 도움이 필요한 사람들을 돕는 봉사활동에도 참여하고, 기부도 많이 하고 싶다. 아직 가보지 못한 세계 여러 곳을 다니면서 보고 느낀 것을 글로 담고 싶기도 하다.

하고 싶은 것이 있다면 성공한 다음으로 미루지 말고 지금 시작하자. 꼭 큰 일이 아니고 소소한 일상적인 일도 좋다. 작은 것부터 하나씩 도전하다보면 호수에 던진 돌멩이로 수없이 많은 원이 생기면서 주변으로 퍼지듯이 점점 커질 수가 있을 것이다. 나는 모든 도전자들을 지지하고, 응원한다. 그들이 가게 될 길이 곧 꽃길이 되리라 믿는다. 결국은 큰 그림으로 보면 꽃처럼 아름답고 향기로운 길로 가는 과정이니 우리는 도전 자체를 즐기면 된다.

복권

어젯밤에 돼지꿈을 꿨는지
복권판매점 앞에는 오늘도 줄이 길다

나도 꿈에서 본 숫자들을 기억하며
열심히 마킹을 한다

당첨되면 뭘 할지 상상하며 웃어본다
당첨번호가 나올 때까지는 모두 일등당첨자로 산다

7개의 숫자를 알아맞히는 것이
이리도 어려울 수가

당첨되면 하고 싶던 일들이
또 일주일 뒤로 미뤄졌다

오늘도 복권명당 판매점 앞에는
긴 줄이 서 있다

제5장

나도 꽤 괜찮은
사람이었네

한때 모든 것을 내가 원하는 목표를 이룬 이후에 그때부터 진짜 나의 인생을 시작한다는 생각을 했었다. 그 생각은 지금 살고 있는 현재의 나를 부정하게 되었고, 그 일이 이루어질 때까지는 다른 것들을 제대로 즐기지 못하고 참아야 한다는 의미임을 알게 되었다. 결국 그때까지 참느라고 현재의 나를 불행하다고 느끼게 만들었다. 그렇다고 참고 생활한 대로 보람이 있게 원한 것을 다 이루지도 않았다.

생각을 어떻게 하느냐에 따라 사는 것이 천국으로 느껴지기도 하고 지옥으로 만들기도 한다. 지금 당장 내가 가진 복을 하나씩 세어보자. 의외로 이미 풍요는 늘 내 곁에 있었다는 생각이 들 것이다.

나의 인생은 내가 주인공으로 나오는 시트콤이라고 생각한다면 어떨까. 이것은 끝이나 완성이 없고, 나조차도 앞으로의 내용이 어떻게 될 것인지 모른다. 하지만 그 시트콤의 내용은 나의 크고 작은 순간의 선택에 의해 채워질 것이다. 아무도 예상할 수 없는 것이 매력이고, 정해진 엔딩이 없는 것이 어쩌면 장점이 될 수도 있다. 어쨌든 나에게 주어진 오늘을 잘 살고, 스스로가 그것을 만족하면 된다. 때때로 실패를 겪기도 하고, 좌절을 하더라도 또다시 꿈을 꿀 수 있는 용기만 있다면 우리는 오늘, 이 순간을 행복하게 살 수가 있을 것이다.

남들 때문에 흔들리지 말고, 내 길을 묵묵히 걸어가자. 내가 걷는 길이

꽤 괜찮은 사람의 유쾌한 반성

가장 좋은 길이 될 것이다. 내가 하는 일이 가장 즐거울 것이다. 내 스타일이 가장 매력적이라고 생각하자. 내가 나를 믿어줄 때 모두가 나를 지지할 것이다.

01

늦었어도
지금 행복하면 돼

꿈이 있다는 것은 사람을 행복하게 만든다. 나도 행복을 위해서 크고 작은 꿈을 꿨다. 꿈을 꾸고 그것을 향해서 가고 있을 때가 행복하다는 것을 이제 조금은 알 것 같다. 큰 꿈을 짧은 시간에 이룬 사람들은 허무함을 느낀다고 한다. 솔직히 허무해도 좋으니까 큰 꿈을 한 번이라도 달성해보고도 싶었던 때가 있었다. 꿈을 이루었든 아직 이루지 못했든 꿈이 있는 사람이 행복한 것은 사실이다. 꼭 큰일이나 장래희망만 꿈은 아니다. 사소한 일들도 모두 꿈이다. 퇴근하고 사랑하는 사람과 데이트 하는 것을 원하고 있다면 그 소망도 꿈이고, 주말에 귀여운 조카들과 놀이터에서 같이 놀고 싶은 마음도 꿈일 수 있다.

한때 꿈을 이루기 위해 기도한 대로 이루어지지 않을 때마다 나는 신에게, 그리고 나 자신에게 속았다는 기분이 들었다. 그래서 내가 노력했던 것들이 다 헛된 것이라는 생각이 들면서 허무할 때도

꽤 괜찮은 사람의 유쾌한 반성

있었다. 그러나 꿈이 있고 그것을 위해서 노력하는 과정에 더 집중한다면 하루하루가 항상 행복할 수 있다.

목표나 꿈을 이룰 때까지의 과정은 무조건 참아야 하는 기간이라고 생각하면 그만큼 견디기가 더 힘들고, 나중에 지치게 되는 것을 경험했다. 또한 그렇게 참아왔는데 목표한 대로 되지 않는다면 그 절망감이 너무 크다. 그래서 과정에 더 집중하는 것이 중요하다. 책을 읽다 알게 됐는데 꿈을 가지는 것도 중요하지만 그것을 이루는 과정을 중요시 하는 사람들은 어떤 것이든 성공할 가능성이 높은 사람이라고 한다. 그 글을 읽고 나서부터 나도 생각을 바꿔서 꿈도 나만을 위한 것보다는 이웃도 함께 위하는 것들을 생각하게 되었고, 그것을 향해 가는 과정을 소중히 하기로 했다. 그런 후부터는 마음이 편안하고 지금 이 순간도 나의 인생의 일부로서 즐기게 되었다. 꿈을 향해 가는 과정 한순간 한순간이 다 즐거운 일이고 미래에 아름다운 추억으로 기억될 일이 될 것이다.

유명한 '알 프레드 디 수자'의 시 '사랑하라, 한 번도 상처받지 않은 것처럼'을 떠올려 보자. TV에 여러 채널 중에서 연애를 소재로 다룬 프로그램이 많이 있다. 그것을 보면 연애 경험이 많은 유명인들이 나와서 일반인들의 연애 고민 상담을 해주는 것을 볼 수 있다. 사연을 듣다 보면 어떻게 저런 일을 겪고도 또 연애를 시작할까 싶은 생각이 든다. 그러나 그들은 사람에게 상처도 받고, 배신도 당하고, 버림받으면서도 또 다른 사랑을 꿈꾸거나 원하고 있었다. 참

신기했다. 내 머리로는 이해가 되지 않았지만 오히려 그 사람들의 생각이 대부분의 사람들의 생각일 수도 있다. 연애 경험이 많은 연애 전문가들은 연애도 자꾸 하다 보면 배우는 것이 많고, 그때마다 더 성숙해져서 이별 후에 더 나은 사람이 된다는 말을 했다.

언젠가 모델 '한혜진'이 TV 프로그램에 나와서 연애상담을 해줄 때 이런 말을 한 적이 있다

"저는 교제할 때마다 그 사람과 결혼할 생각을 하고 만나서 최선을 다해 성의껏 연애를 해요."

대단하다는 생각이 들었다. 사귈 때는 좋지만 헤어지고 나면 상처가 남아서 더 이상 아무도 만나기 싫을 것 같은데, 그녀는 다른 사랑을 하는 것에 두려움이 없고 다시 연애를 시작할 때 마치 처음 사랑하는 마음으로 상대를 대하고, 그 사람을 결혼할 사람으로 전제하고, 아껴줄 수 있는 마음을 가지고 있다는 것이 놀라웠다. 사랑에 대한, 사람에 대한 기본적인 태도가 긍정적이고, 다시 속는 한이 있더라도 또다시 믿어줄 수 있는 자세가 지금의 그녀를 있게 한 것일까. 자존감이 높아서 그럴 수 있었던 것일까. 또한 한 분야에서 최고에 도달하고 그것을 유지하는 것은 쉽지 않은 일인데 그녀의 연애에 대한 태도처럼 일에 있어서도 그런 자세로 일했을 것이고, 삶을 살아가는 모든 것에 이런 생각으로 대했으리라.

사랑, 연애, 일과 마찬가지로 꿈도 늘 나와 공존하는 소중한 것으로 생각하고 항상 꿈을 가지되 집착하지 않고 과정을 충실히 즐기다

꽤 괜찮은 사람의 유쾌한 반성

보면 어디에서든 좋은 결과를 누릴 수 있지 않을까 생각해본다. 어쨌든 인생은 어차피 완성될 수 있는 것이 아니고, 그저 저마다의 목표를 향해 가는 과정이라는 것을 기억하면서 산다면 지금 내가 누리고 있는 소소한 것들에 감사한 생각이 들 것이다. 나를 포함해서 모든 사람들이 좋은 꿈을 가져서 행복했으면 좋겠고, 그것을 향해 아름다운 여행을 하는 삶을 살았으면 좋겠다. 이 시대를 함께 살아가는 모든 사람들에게 그동안 열심히 사느라고 수고했고, 앞으로 더 행복한 사람이 되자고 말하고 싶다.

꿈을 가지기에는 너무 늦었다고 생각하는 사람이 있는가? 꿈을 지니는 것에 나이는 상관없다. 가수 양희은의 어머니는 칠십대의 나이에 그림을 그리기 시작해서 작품 전시회도 열었고, 구십대가 된 지금까지도 아름다운 작품 활동을 하고 있다. 꿈을 거창하게 생각하지 말고 지금 당장 하고 싶은 작은 일부터 시작해보자. 그것이 점차 꿈이 될 수가 있을 것이다. 그리고 그 꿈을 이루기 위한 과정 자체를 즐기는 여정을 떠나자. 그럼 당신은 꿈을 이루든 못 이루든 이미 행복한 사람이 되어 있을 것이다.

02

인간관계에
집착하지 말자

누구나 어릴 때부터 유치원, 학교를 거쳐 직장생활에 이르기까지 작은 사회 안에서 나름대로 소속 안에 속해 있는 사람들과 잘 지내고 싶은 마음이 있을 것이다. 나 역시 적당히 사람들과의 관계를 가깝게, 때로는 적절한 거리를 두고 유지해 나가기도 했다. 꼭 수많은 사람들과 다 친해져야 하는 것은 아니더라도 어느 정도 내가 친하게 지내는 몇몇 친한 모임들이 있고, 그것을 유지하지 않으면 왠지 마음이 불안해질 때도 있었다.

초, 중, 고등학생일 때는 반 친구들 중에 각 학년 때마다 같이 다니는 친구들이 7~8명씩 있었다. 그 안에서 나를 포함해서 3~4명 정도는 집이 가깝거나 방과 후에 같이 숙제도 하는 좀 더 가까운 사이였다. 쉬는 시간이 되면 가장 친한 몇 명이 내 자리로 자주 와서 같이 놀곤 했다. 나는 자리에서 일어나 돌아다니는 것을 별로 즐기지 않는 편이었고 친구들도 어차피 내 자리에 와서 놀았기에 편했다. 친구들을 떠올려보면 항상 나보다 더 성숙하고 키도 나보다 큰 애들이 많았다. 그래서 내가 웃긴 얘기를 하고 장난을 치면 잘 받아주고 귀여워해줬다. 여자애들끼리는 왜 그런지는 몰라도 꼭 같이 화장실에 다녀왔다. 나는 화장실을 같이 가거나 점심을 같이 먹기 위해 친구들이 모이기를 기다렸다가 같이 우르르 다녔다. 그때는 그렇게 해야 되는 줄 알았다.

고등학생이었던 어느 날 장염에 걸려 배가 계속 아파서 화장실을 가야 했지만 식은땀이 나고, 몸이 떨려도 그냥 참았다. 얼굴이 노래졌는데도 쉬는 시간에조차 화장실에서 큰일을 보지 못하고 안 아픈 척하며 농담까지 하다가 마지막 수업인 7교시가 다 마칠 때까지 버텼다. 그렇게 2주 동안 지내다가 저녁에 수학과외가 있던 날 대학생 여자선생님과 조금 친해져서 배가 아프다는 이야기를 했고 그제야 장염인 것을 알게 되었다. 학교에서는 선생님이나 친한 친구들에게조차 아플 때도 아프다는 말을 잘 안 했다.

큰 볼일은 고등학교 3학년이 되기 전까지는 학교에서 해 본 적이 없었고, 나는 학창시절 12년 내내 딱 한번 친구가 넘어져서 같이 간 것 외에는 아파도 양호실(현재 보건실)을 가본 일이 없었다. 왜 그랬는지 지금은 이해가 가지 않는다. 모든 면에서 괜찮아야만 사람들이 나와 좋은 관계를 유지할 것 같아서였을까. 왠지 아프면 나만 수업에서 빠져야 하니까 혼자 소외되는 느낌이 아픈 것보다 더 두려웠던 것일지도 모르겠다. 소외되지 않고 친구들 무리에서 잘 지내고 싶고 계속 좋은 이미지와 인기를 유지하고 싶었던 마음이 있었나 보다.

하지만 대학생이 되어서 수업 시간표를 스스로 짜기 시작하면서 부터는 캠퍼스 생활이 자유로웠다. 듣고 싶은 수업을 신청해서 듣고, 수업을 마치고 데이트를 가건, 공부를 하러 가건, 아르바이트를 가건 내 마음대로 해도 외롭다는 생각이 들지 않았다. 수업을 가기 전에 시간이 없어서 혼자 간단한 것을 먹고, 복수전공을 할 때는 나 혼자 수업을 들어도 어색하지 않았다. 그것은 인간관계에 얽매어 있던 나를 해방시키는 것처럼 느껴졌다. 예전에는 단짝친구가 있어서 둘이 재미있게 잘 놀곤 했는데 나이가 들면서 둘보다는 3명 이상이 더 편하기도 했다.

나는 원래 사람들과의 잦은 연락을 즐기는 편은 아니다. 물론 계속 혼자만 있는 것은 못 견디겠지만 그래도 어느 정도 나의 가족이나 몇 사람의 가까운 지인이 있으면 외롭지 않았다. 그들마저도 연락을 자주하지 않아서 내가 먼저 해본 일은 드물다. 연락이 뜸하다고 그들이 싫은 것이 아니다. 마음속으로는 소중한 사람들이고 그들을 걱정할 때도 많지만 그냥 나의 방식이 이런 것뿐이다.

시험을 준비한다고 각종 모임 사람들이나 친구들에게 나중에 연락을 하기로 하고 도서관에 다니면서부터 전화기를 무음으로 해두었다. 물론 처음에는 익숙하지 않고 외로워서 사람들과의 연락을 끊지 못했지만 메시지나 그룹채팅방 안의 대화로 신경을 쓰지 않아서 좋았다. 당연한 것이겠지만 사람들에게 시험 끝나고 연락한다고 하면 나를 잊어버릴지도 모른다는 불안한 마음에 그들에게 시험 준비한다는 말을 했더니 다들 나를 배려해주었다. 가끔 내게 방해되지

꽤 괜찮은 사람의 유쾌한 반성

않는 선에서 내 생일을 축하해주기도 하고, 시험 날이 다가올 때 힘내라고 해주었을 때 고마움을 느꼈다.

그룹 대화창에서 나가고, 정기 모임도 참여하지 못했지만 그러고 나니 공부에 집중도 잘 되고, 마음이 안정되었다. 마치 인간관계 세상에서 휴가를 얻은 것 같은 느낌이었다. 모든 것이 내가 정한 기간 동안 나를 기다리듯이 멈춰있는 것 같았다. 가끔씩 힘이 들 때 비록 시간이 없어서 만나지는 못해도 내가 연락을 하면 모두들 반가워하고 위로해주는 친구들을 보며 오히려 내가 몰랐던 진한 우정을 느낄 수가 있었다. 나도 그들에게, 그리고 마음이 어려운 다른 이들에게 그렇게 힘이 되어주고 싶다. 진짜 친구는 바로 어려울 때 더 그 사랑을 느낄 수 있나 보다. 나는 이 일을 통해서 알게 되었다.

인간관계는 나의 의지만 있으면 언제든 유지할 수가 있다. 연락 관계의 주체를 나로 정해보자. 내가 연락할 수 있을 때 하면 된다. 의외로 사람들은 나를 기다려줄 수 있는 마음의 여유를 가지고 있다. 괜히 불안한 마음으로 전화기만 붙들고 많은 시간을 보내다가는 인간관계에 수동적으로 끌려 다니게 되고, 나에게 정작 중요한 일을 할 수 있는 시간을 낭비하게 된다. 사람들은 패턴에 익숙해진다. 내가 나의 수준에서 연락 패턴을 정하면 상대방도 적응한다. 걱정은 시간 낭비이다. 사람들은 그냥 연락만 자주 하는 사람보다는 자신의 분야에서 점점 발전하고, 멋있어지는 당신을 더 좋아하게 될 것이다.

03

남을 위해 시작했던 일이
나에게 도움을 주다

사람들을 웃게 하는 것은 나의 행복

나는 어릴 때부터 사람들이 내가 하는 말과 행동을 보고 깔깔거리며 웃는 모습을 보는 것이 좋았다. 평소에 조용해도 친해진 친구들과 함께 있을 때는 내가 겪었던 일들을 상세히 묘사하고 웃기는 말과 행동으로 표현했다. 종종 우리 주변인들의 특징을 찾아내어 비슷하게 모사를 했는데 그들은 그런 나를 좋아했고, 작은 몸집으로 장난치는 모습이 귀엽다고 말했다. 쉬는 시간이 되면 자연스럽게 내 자리로 와서 모이게 되고 장난도 많이 치곤했다. 지금도 동창들이 힘들 때 전화해서 내 웃음소리를 들려달라고 한다. 내가 웃으면 그 소리가 시원해서 스트레스가 풀린다고 한다. 어떤 때는 누군가의 흉내를 내달라고 하기도 한다. 영화를 본 후에 만담꾼처럼 설명해준 적이 있는데 마치 그것을 다 본 느낌이라고 또 다른 얘기도 해달라

200   꽤 괜찮은 사람의 유쾌한 반성

는 말을 들었을 때 뿌듯했다.

대학생이 되고, 교회 청년부에서 스킷드라마를 연습해서 공연했다. 그전까지는 한 번도 연기란 것을 해본 적도 없고, 관심도 없었는데 짧은 장면을 대본 연습하는 내내 즐거웠고, 계속 달라지는 애드리브 때문에 상대배역과 다른 역할을 맡은 사람들이 웃느라고 정신이 없었다. 리허설을 마치고 공연을 하는데 무대에서 긴장하지 않고 즐기면서 대사를 했고, 관객들이 웃을 때 마음속으로 뭔가 모를 희열을 느꼈다.

지금도 좋지 않은 일이 있으면 내 나름의 방식대로 그것을 희화화시켜서 별일 아닌 에피소드로 생각하고 지나간다. 그것을 오래 생각할수록 해결되시는 않고 내 마음을 썩게 만들 테니 빨리 털어버리는 나만의 방법으로 쓰고 있다.

생각할수록 열 받는 일이 있다면 화장실이나 나만의 공간인 내 방에서 거울을 보고 친구한테 말하듯이 그 사건을 설명해보자. 처음에는 열 받아서 말이 빨라지고 격앙된 어조로 말할 수도 있지만 점차 이야기하면서 기분이 풀린다. 이야기를 하면서 중간에 내가 듣고 싶은 대답도 말해본다. 그리고 다시 이야기를 이어가는 것을 반복해서 혼자 대화하는 형식으로 해본다. 사람들은 내가 하소연을 하면 대부분 내가 듣고 싶은 대답을 해 주지 않아서 괜히 말했다는 후회를 할 때가 많다. 그러나 나 혼자 북 치고 장구 치듯 대화를 하면 내가 원하는 반응을 하기 때문에 후회할 일이 없다. 그리고 그 이야기를 통해 진짜 내 모습을, 내가 원하는 것이 무엇인지를 파악하는 효과도 얻을 수 있다.

봉사활동을 통해 연결된 영어강사로의 진로

이십대 중반에서 삼십대 초반까지 약 7년 동안 중학교, 고등학교, 대학교에서 학생들과 함께했다. 나는 내가 아이들을 좋아하지도 않고, 가르치는 것을 즐기지도 않았기에 강의나 지도를 하는 교육 일에 종사하게 될 줄은 몰랐다. 그 길로 접어든 것은 우연들이 차곡차곡 쌓여서 자연스럽게 흘러갔던 것 같다. 학부를 영문과에 입학했고, 아는 오빠가 대기업에 입사하면서 그가 하던 영어지도 자원봉사를 내게 부탁했고, 그때부터 나는 그것을 이어받게 되었다. 모자원에 있는 초등학생들과 중학생들에게 영어를 가르쳐주는 봉사였다. 그러면서 고등학생 영어 과외를 하게 되었고, 자연스럽게 학생들에게 영어를 가르치는 일에 익숙해져서 학부 졸업 후부터는 영어강사 일을 하게 되었다. 나중에는 대학교에서 연구원으로 일을 하는 것으로 이어졌다.

이렇듯 대학교에 입학할 때만 해도 나는 나중에 영어강사가 될지는 상상도 하지 않았다. 하지만 사람의 일은 아무도 모르듯이 봉사활동을 통해 나의 직업으로까지 이어진 것이다. 지금 생각해보면 자원봉사로 활동했던 영어지도 경험이 발단이 되어 진로에 영향을

꽤 괜찮은 사람의 유쾌한 반성

준 것 같다.

봉사활동은 특별한 사람들만 하는 일이 아니다. 봉사에 전혀 관심이 없었던 나도 우연한 기회에 참여하게 되었으니 누구나 마음만 있으면 할 수가 있다. 혹시 자신이 아무 꿈도 없고, 하고 싶은 것도 없어서 고민이라면 주변에 사소한 봉사활동부터 다양하게 참여해보는 것도 권하고 싶다. 자연스럽게 나의 진로로 연결될 수도 있고, 나의 꿈으로 이어질 수도 있다.

사람들은 나를
어떻게 생각할까

걷고 있으면 복잡했던 마음이 정화되는 느낌이다. 가끔 화났던 일이 있어도 걷다 보면 답답한 마음이 풀리기도 하고 스스로 위로를 받게 된다. 그러면서 생각해봤다. 내가 보낸 이십대부터 삼십대까지의 크고 작은 일들을 떠올려보니 지금의 내가 있기까지 모든 일은 다 내 선택에 달려 있었다.

아무리 작은 것들도 일단 선택하고 나면 그것이 모여서 나중에 인생의 방향을 결정짓게 된다. 선택을 할 때는 자기만의 기준에 따르게 되는데, 일을 결정하는 데 가장 중요한 나 자신은 빠져 있었다. 선택의 기준이 사람들의 시선을 의식한 선택이 많았다.

전공과목을 선택할 때도 내가 좋아하는 것이나 잘 해낼 자신이 있는 것을 선택해야 했다. 그래야 스스로 만족하면서 공부를 하게 되고, 나중에 그 분야의 일을 즐겁게 할 수가 있다는 사실을 직업을 바꾸게 되면서야 알게 되었다.

처음에 영어영문학과 전공을 고집해서 입학한 것은 사실 영어가 가장 자신 있는 과목도 아니었고, 좋아하지도 않았지만, 영어통역사를 보면 지적이고 멋있다는 이미지가 있어서 선택했다. 그러다 보니 자연스럽게 취업을 할 때도 전공에 관련된 곳을 선택하게 되었고, 어쩌다 보니 생각지도 않았던 영어강사의 길로 가게 되었다.

열심히 해서 좋은 성과는 나름대로 나왔으나 원래 되고 싶었던 꿈이 아니었기에 경력이 쌓일수록 내 자신의 성취감이나 만족감이 낮다고 느꼈고, 일을 할 때 즐겁지가 않았다. 조금만 힘들어도 지치고 자꾸 다른 일을 찾아보게 되었지만 이미 전공과 직업 경력이 영어와 교육 쪽의 일이다 보니 점점 바꾸기는 힘들어져 갔다.

사실 대학교 연구원으로 이직할 때도 당시의 나는 일반적인 행정연구원으로 가고 싶었다. 그렇지만 사회에서 요구하는 경력은 전공과목 관련 경력이다 보니 내가 영어교육, 번역에 종사를 했었기에 관련 분야의 연구원으로 갈 수밖에 없었다. 영어교육이 나쁘다는 것이 아니다. 단지 내게는 재미있지 않은 일이었을 뿐이다.

번역 일은 내가 즐기면서 했던 일이었는데 그것을 주된 직업으로 할 정도로 애정이 가지는 않았다. 친구들과 부모님, 지인들은 내가 왜 직업을 바꾸고 싶어 했는지 이해를 못한다. 사람들이 생각하는 인식에는 괜찮은 전공이자 경력이기 때문일 것이다. 친구들은 내게 영어강사를 계속하면서 좋은 사람을 만나 시집이나 가라며 안타까워했다. 가족들은 지금이라도 내가 예전에 하던 일을 다시 했으면 한다.

결국 바꿔보고 싶어도 다른 곳에서는 나를 필요로 하지 않았기에 완전히 다른 분야에서 일하기 위해서 공무원 시험공부를 시작하게 되었다. 적어도 공무원 시험은 나이 제한도 없고, 경력, 분야, 전공은 아무 상관이 없는 것이었기 때문이다. 솔직히 그것도 역시 내가 진정으로 좋아하고, 꿈꿔온 것이라서 선택한 것은 아니다.

그냥 내가 지금까지 했던 것과는 다른 분야고, 평생 안정적이라는 장점이 있어서 성실하게, 평범하게 그렇게 살기 위해서 결심했던 거였다. 그러면서도 나는 항상 합격을 상상하는 동시에 행정직 일을 하게 되어도 퇴근을 하고 나서의 일상을 꿈꾸었다.

공무원으로 일을 하고 퇴근해서는 사람들에게 위로가 되는 따뜻한 내용의 글을 쓰고 싶었다. 사람들에게 용기를 주는 글을 쓰고, 즐겁게 음악을 들으며 떠오르는 곡을 만들고, 물감을 사용해서 표현하고 싶은 것을 그리는 예술가의 삶을 원했다. 가고 싶던 곳을 가서 그곳의 느낌을 글로 쓰고, 마음껏 떠오르는 아이디어를 펼쳐서 사람들이 웃을 수 있는 재미있는 대본 쓰는 일을 머릿속에 늘 그리고 있었다. 이것은 사실 내가 10대였을 때부터 상상해왔던 것이었다. 하지만 현실적인 문제에 부딪쳐서 직업을 고를 때는 선뜻 선택할 용기를 내지 못했다.

죽음까지 생각해본 후에야 나는 알게 되었다. 내가 진짜 좋아하고, 내가 모르는 사이에 그것을 하고 있을 때 웃으면서 즐거워하고 있는 것들이 무엇인지. 돈을 얼마나 벌고 그런 것도 중요한 것이지

꽤 괜찮은 사람의 유쾌한 반성

만 많이 벌지 못하더라도, 규칙적으로 수입이 들어오지 않아도, 사람들이 왜 저러고 사냐고 한심하게 볼 때가 있더라도 나 자신에게 부끄럽지 않게 열심히 살고, 내가 좋아하는 것을 즐겁게 하면 되는 것이 아닌가.

내 책을 읽고, 내 곡을 듣고 한 사람이라도 기뻐하고, 그들에게 유익함이 되고, 살아갈 용기를 낼 수 있게 한다면 그것만으로도 내가 사는 이유로 충분하다. 어느새 상상만으로도 웃음이 나온다. 얼굴도 모르는 독자들과 글로 만날 수 있다는 것이 얼마나 좋은지 표현이 다 안 된다. 나는 책을 읽고, 글을 쓰면서 어느새 나의 모든 것이 정리가 되고, 이 모습 그대로의 나를 사랑하게 되었다. 더 이상 내 인생에 내가 빠져 있는 선택을 하지 않기로 했더니 두려운 것이 하나씩 없어졌다. 이제는 사람들의 시선에 집착하지 않고, 나를 조금씩 믿어보기로 했다. 행복의 기준은 오직 나다.

여행은 꿈을
꾸게 한다

여행은 내 마음을 풍요롭게 해주었다. 가진 것이 별로 없어도 여행을 가면 부자가 된 느낌이다. 지금 글을 쓰거나 읽고 싶은 책을 읽었을 때 세상을 다 가진 것 같이 뿌듯한 것처럼. 꿈이라는 건 거창한 것도 있지만 그냥 지금처럼 평화롭게, 재미있게 지내고 싶은 소망도 꿈이다.

시나이산 일출이 온 세상을 밝히다

대학교 3학년 여름 방학 때 부모님과 함께 11명이 이집트, 이스라엘, 요르단 순례를 다녀온 적이 있다. 그때 기억은 하나하나 다 특별하고 소중해서 지금까지도 이야기 하곤 한다. 이집트 피라미드를 보았을 때 그 크기가 워낙 커서 놀랐고, 그 많은 바위들을 큰 수로를 이용해 다 옮겼다는 사실에 놀랐다. 그것들을 만드느라 인부들이 얼마나 힘이 들었을지 절로 느껴질 만큼 거대했다. 피라미드 구조가 과학적으로 어떻기에 부패하지 않는 미라로 존재하는지 신기했다. 옛날 사람들도 사후세계에 대한 궁금함이 컸다는 것과 영원히 살고 싶은 사람의 마음을 보여주고 있었다.

새벽시간 컴컴할 때 시나이산에 오르기 위해 채비를 하고 낙타를 타고 올라갔는데 좁고 구불구불한 길이 끝없이 있었고 그 길에 나무 한 그루조차 없고 그저 돌과 자갈로만 이루어져 있었다. 그곳에 낙타와 내가 조용히 가고 있었고 낙타 발소리만 들렸다. 캄캄한 하늘에 달과 별만 반짝였고 그것을 보면서 올라가니 마치 성경책에 나오는 예수님 탄생을 예견했던 3명의 동방박사 중 한 사람이 된 것 같았다. 예수님의 탄생을 알고 그가 태어난 곳 베들레헴 마구간에 별을 따라 찾아갔던 동방박사 말이다. 날이 밝아오면서 땅을 보니 길에 자갈도 있었지만 가는 길 내내 낙타 똥이 끊임없이 수놓아져 있었다. 《헨젤과 그레텔》에서 마녀의 집으로 가는 길에 과자가 줄줄이 놓여있는 것과 비슷했다. 똥인데 냄새가 나지 않아서 흙뭉치처럼 보이기도 했다.

낙타는 양처럼 순했고, 속눈썹이 길고 큰 눈을 끔뻑거리며 느리지만 멈추지 않고 산을 올라갔다. 꼭대기에 다다르자 일출을 볼 수 있었고 큰 바위 위에 나뭇가지로 만든 간이 화장실이 있었는데 볼일 보는 내내 바람에 무너질까 봐 불안해했다. 일출을 보며 먹는 신라면 맛은 내 평생에 먹었던 컵라면 중에 가장 맛이 있었다. 떠오르는 해를 보고 있으니 우리 인간이 어떻게 살고 있는지와 상관없이 빛은 아침이 되면 누구에게나 공평하게 비춰준다는 생각이 들었다. 빛이 떠오르자 모든 어둠이 걷히고 공기가 훈훈해져 왔다. 신의 따스한 손길이 나를 찾아온 것 같았다.

예수님과 제자들이 배에서 풍랑을 만났던 갈릴리 바다에서 함께 포도주 잔을 나누고 기도를 하면서 나중에 평온함에 감사하는 내용의 찬송가를 부르니 2천 년 전에 예수님의 제자들의 기분이 느껴지면서 마음이 따뜻해졌다. 평소 교회에서 예배드릴 때 성찬식을 했었는데 성경책에 나오는 장소에서 직접 떡을 떼고, 포도주를 마시니 더 실감이 났다. 나는 동양인이고 한국의 환경에 살고 있기에 예전에는 그들이 사는 장소에서의 생활을 이해할 수가 없었는데 그들의 날씨, 생활풍습, 먹는 음식, 기후 등을 직접 느껴보니 그곳의 주식인 떡을 떼어 나누어 먹고, 포도주를 나누어 마시며 예수님과 제자들의 모습을 상상할 수가 있었다.

저녁노을이 드리울 때쯤 같이 갔던 언니와 동생과 함께 파도타기를 했는데 여름 기온이 50도가 넘는데다 물 속 온도가 미지근하고 적당해서 밖으로 나가기가 싫었다. 나와서 머리에 꽃을 꽂고 하와이안 포즈를 취하고 사진을 찍었는데 그 사진은 내 방 문에 붙어있다.

요단강을 처음 보았을 때 건기라 그런지 평소에 내가 상상했던 모습과 달리 물길의 폭도 좁고 깊지도 않아서 놀랐다. 찬송가의 가사에 보면 '요단강 건널 때~~'라는 말이 나온다. 그것은 사람이 죽어서 천국에 가는 모습을 표현한 것이라는 것만 들었을 뿐이었는데

꽤 괜찮은 사람의 유쾌한 반성

실제로 보니 아담하고 아름다운 강이라는 느낌이 들었고 상상과는
달라서 조금 놀라기도 했다.

사해바다에 가서 누워봤는데 정말 물위에 잘 떠서 신기해했던
기억이 난다. 염분이 다른 바다보다 훨씬 많았고, 그 물은 너무 짜서
마실 수 없지만 사람이 잘 뜨니 안전하게 느껴졌다. 사해비누를 샀
는데 그게 피부에 좋다고 해서 아토피 피부염을 앓고 있는 지인에게
주었더니 기뻐했던 기억이 난다. 그곳에서의 하루하루가 특별해서
나에게 소중한 사람들에게 엽서를 써서 보내주었다.

예루살렘 성전에 가서 통곡의 벽에 손을 대고 기도를 드렸다. 엄
마는 거기서 아는 분의 병이 낫기를 간절히 기도드렸다. 한국에 돌
아와서 그분이 다 나았다는 소식을 전해왔고 엄마가 그렇게 좋아하
는 모습을 본 것은 오랜만이었다.

당시에는 여행 중에 사막의 광야를 흔히 볼 수 있어서 별 생각이
없었지만 한국에 돌아와서 지금껏 더 생생하게 기억에 남는 것이 풀
한포기도 나지 않는 광야의 모습이다. 기온이 50도에 육박하는 날
씨에 사막 한가운데 서 있어보니 잠깐이었지만 우물이나 오아시스
생각이 간절해졌다. 그와 같은 환경에서 생활하는 유목민들의 심정
이 조금은 이해가 갔다. 그리고 성경에 예수님이 광야에 올라가 40
일 동안 금식기도를 하는 중에 사탄이 예수님께 음식과 세상의 권
세, 신의 초능력 등으로 유혹을 하는 내용이 나오는데 광야에 가서
지내보니 그 유혹들을 뿌리치기 힘들다는 것을 알 수 있었다.

'나였으면 어땠을까.'

하는 생각이 저절로 들었다. 지금도 살다가 어려울 때 성경책을 읽다보면 출애굽기에서 모세와 이스라엘 백성들이 이집트를 탈출하여 광야에서 약 40년간 고생하는 내용이 나오는데, 그때 내가 경험했던 광야의 모습을 떠올리게 되면서 전보다 더 잘 이해할 수 있게 되었다. 광야는 바다의 망망대해처럼 끝없이 펼쳐진 자연이고 인간은 그 앞에서 아무것도 아님을 다시 한 번 느낀다. 낯선 곳으로의 여행을 통해 풍부한 경험들이 생겼고, 세계를 보는 시야가 넓어졌다. 이것은 당장은 눈에 보이는 변화가 아니지만 나를 정신적인 부분에서 긍정적으로 성장하게 만들어주었다.

울란바토르에서 올려다본 별 천지

대학원에 재학 중일 때 몽골로 해외봉사를 갔다. 몽골의 수도인 울란바토르와 수도 근처에서 좀 떨어진 시골로 들어가서 의료봉사도 하고, 집도 고쳐주고, 악기도 가르쳐주는 등의 봉사활동을 했다. 몽골 청년들과도 친해지고 아이들과도 함께 지내면서 여러 가지 추억을 만들었다. 밤이 되면 함께 둥글게 모여서 몽골 전통 춤도 추면서 웃고, 우리가 하는 여러 가지 게임들을 알려주어 언어의 장벽을 뛰어넘었고, 수건돌리기나 강강술래 등을 하며 정이 들었다. 나중에 그들이 전통 양고기 카레를 만들어 주었는데 양의 특유의 누린내와 몽골식 향신료에 느끼해서 많이 먹을 수는 없었지만 만든 정성이 있

꽤 괜찮은 사람의 유쾌한 반성

고 그들을 실망시키고 싶지 않아서 한입이라도 더 먹어 보려고 숨까지 참았던 기억이 난다.

한국은 8월 중순이라 여름에서 가을로 넘어가는 때였는데, 몽골은 기온이 우리나라보다 조금 더 시원하고 건조했다. 온수 시스템이 없어서 찬물을 끓여 큰 대야에 담아놓고 한 명씩 바가지로 퍼서 씻어야 했고, 같은 숙소에서 11명이 함께 붙어서 자야 했다.

밤이 되면 초원에 바람이 솔솔 불어와 기분이 좋았고, 하늘을 올려다보니 컴컴한 하늘에 별이 빛나는데 너무 선명하게 반짝여서 곧 내가 있는 곳으로 별이 쏟아져 내릴 것 같았다. 원래 별을 좋아하는데 서울에서는 별을 많이 볼 수가 없어서 내 방 천장에 야광 별들을 붙여놓아 잠을 자기 전에 불을 끄면 별들을 볼 수가 있었다. 그러다가 별을 보면서 고민도 이야기하고, 내 꿈이나 목표를 다짐하기도 하고, 아플 땐 간절히 기도하기도 한다. 그런데 몽골에 가니 많은 별들이 밝게 빛나고 있는 것을 내 두 눈으로 보게 되었다. 아직도 그때 본 별들을 잊을 수가 없다. 기도를 할 때면 그 별들을 떠올린다. 내 꿈과 비전을 생각하면서 그때 그 아름다운 별들을 머릿속에 상기시킨다.

마지막 날이 되어 정들었던 몽골 아이들과 인사를 나누고 잠시 시내에 있는 도서관에 가서 구경을 했다. 말을 타는 곳에도 들렀는데 초원에서 말과 2시간 동안 온갖 곳을 다 돌아다니니 동물을 무서워하던 나도 나중에는 내가 탔던 말과 정이 들었다. 말은 훈련이 되어 있어서 코치하는 분 말을 잘 들었고, 물웅덩이나 위험해 보이는 곳을 잘 피해 다녔고 아주 온순했다.

여행은 나를 정화시킨다. 그곳엔 나를 모르는 사람들이 살고 있다. 나와 다른 언어를 쓰기도 하고, 내가 먹어보지 못한 것들을 먹고 있을 수도 있다. 그곳에서 나는 온전히 타인이라서 남들의 눈치를 보는 일도 줄어든다. 한 번씩 머리를 식히며 환기를 하기에 여행만큼 좋은 것이 없다. 마치 컴퓨터에 과부하가 걸려 있다가 포맷시켜서 싹 정리를 하듯이 내 머릿속이 시원하게 포맷된 느낌이었다.

캘리포니아 드림

근무하던 학교가 방학일 때 부모님과 함께 미국 캘리포니아에 갔었다. 예전에 TV에서 〈캘리포니아 드림〉이라는 미국 시트콤을 좋아했었던 기억 때문에 여행지로 그곳을 정했다. 거기서 금문교, 스탠퍼드 대학교, 할리우드, 라스베이거스, 디즈니랜드, 그랜드캐니언 등을 가 보았는데, 특히 헬기를 타고 그랜드캐니언을 한 바퀴 돌면서 내려다본 것이 기억에 많이 남는다. 그 크고 광활한 끝없이 펼쳐진 산맥을 보고 있으니 대자연의 웅장함에 놀라지 않을 수가 없었다. 거기 내려서 암벽 뒤에 있으면 사람이 있는지도 모르고 갈 것 같았다.

어린 시절부터 디즈니영화는 다 보고, 음반도 모두 구입해서 지금까지도 즐겨 들을 정도로 좋아하는데 디즈니랜드에 가니 나에게는 한 장소, 한 장소가 전부 천국으로 느껴져서 나오기가 싫을 정도였다. 거기다 영화라면 장르를 불문하고 좋아했기에 할리우드에 가서 유명배우들의 핸드 프린팅도 보고 영화촬영장을 재현한 유니버설 스튜디오에 가니 눈이 휘둥그레졌다. 특히 쥐라기공원 촬영장에서 공룡들까지 보자 어릴 때 추억이 생각나서 한참을 보며 정신없이 사진을 찍게 되었다.

스탠퍼드 대학교는 실리콘밸리로 워낙 유명해서 궁금했었는데 대학교 안이 아예 하나의 타운을 형성해서 학교라기보다는 큰 마을 전체였다. 그곳을 자세히 다 볼 수가 없을 정도로 건물과 건물 사이의 거리가 멀었다. 건물도 너무 커서 그 앞에서 사진을 찍으면 사람이 개미만 하게 보였다. 그 안에 스탠퍼드 기념품을 파는 가게가 있었는데 미국은 사이즈가 우리나라보다 커서 라지 사이즈도 몇 가지 단계가 있었다. 키가 183cm인 우리 네 식구 중 유일하게 장신인 동생은 다리가 길어서 매번 이태원에 가서 바지를 사야 했기에 나는 동생이 생각나서 신나게 동생이 입을 운동복 바지를 골랐다.

라스베이거스는 밤에 더 화려했다. 거의 건물들이 다 카지노장이 포함된 호텔이었다. 그곳에서 밤에 정해진 시간에 음악에 맞춰서 나오는 분수를 봤다. 분수가 음 높낮이에 따라 물줄기가 굵어졌다 얇아졌다 변하더니 방향도 여러 방향으로 뻗어나가는 데 춤추는 발레리나 같았다. 거기에 다양한 색의 조명이 합쳐져서 하나의 예술로 승화했다. 기념으로 카지노장 안에서 몇 가지 기계를 시도해봤는데 당첨되지는 않았지만 영화에 나오는 카지노장에 가서 실제로 해본 것에 그저 신이 났었다. 그곳에서 기념한다면서 야구 모자를 샀는데 아직도 집에서 그 모자를 보면 그때 생각이 나서 웃음 짓게 된다.

여행은 사람들이 좋아하는 모든 것을 종합해놓은 종합 선물세트 같은 것이라는 말을 들은 적이 있다. 여행 속에 걷는 것, 쇼핑하는 것, 구경하는 것, 맛있는 음식을 먹는 것이 합쳐져 있기 때문이다. 시각적으로나 미각적으로, 청각적으로, 후각적으로, 그리고 촉각적으로도 모든 것을 다양하게 느낄 수 있어서다. 그래서 여행은 모든 감각들을 충족시켜줄 수 있는 행위라고 한다.

어느 날, 엄마가 내게 여행은 여행 기간만 즐거운 게 아니고, 그곳에 가기 한참 전부터 가기 위한 준비를 하면서 기대를 하는 것이 행복하고, 다녀와서도 길게 남는 여운을 느끼면서 추억을 간직한 사진을 보는 행위를 하기까지 오랜 기간 기쁨을 느낀다는 이야기를 한 적이 있다.

여러 곳에 여행을 다니다 보면 일상과 떨어져 새로운 것을 접하니 머릿속이 환기가 된다. 복잡했던 현실도 잊어버리게 되고, 심지어 아팠던 것도 별일 아니게 느껴지기도 했다. 여행지마다 다양한 사건이 있었고, 그때마다 아름다운 추억이 되었다. 그곳에서 나는 왠지 밝을 것만 같은 미래를 꿈꾸게 되었다.

시나이산의 아침

남유리 지음

고요한 사막의 서늘한 밤
따그닥 따그닥 낙타의 발에 자갈들이 밟히는 소리만이
메마른 땅에 부딪친다

까만 하늘에 금가루 은가루를 뿌려놓았는지
반짝이는 별을 올려다보고 있으니
어느새 베들레헴으로 향하던 동방박사가 된다

구불구불한 길을 올라가는 내내
내려갈 때 길을 찾기 쉬우라고
낙타는 똥을 길에 떨어뜨리며 걸어간다

산꼭대기로 향할수록
붉은 빛이 산을 비추어
주황빛 등을 켜놓은 듯 주변이 밝아진다

꼭대기 큰 바위에 비스듬히 세워진
오두막 같은 화장실은
새벽바람에 날아갈 듯 비틀거리며 들어간 사람을 재촉한다

하늘과 가까워질수록
크고 둥근 빛은 마침내 모습을 드러내 산을 비춘다
빛을 받은 이들은 절로 두 손을 하늘로 향해 뻗는다

시나이산 정상에서 먹은 컵라면은
성경 속 만나와 메추라기다
하늘이 내려주신 열매다

꽤 괜찮은 사람의 유쾌한 반성

있는 그대로의 내 모습

옛날에 덴마크에 사는 한 남자가 있었다. 그는 짝사랑하는 여인이 있었다. 어느 날 그는 용기를 내어 그녀에게 사랑을 고백했다. 그녀에게 답장 편지가 왔다. 읽어보니 거절하는 내용이었다. 그 이유는 그가 못생겨서다.

그는 슬픔을 극복하기 위해 그때부터 어린이들을 위한 동화책을 쓰기 시작했다. 글을 쓰는 것을 좋아했기에 자신의 순수한 마음을 흰 눈처럼 깨끗한 마음을 가진 수많은 어린이들에게 전하고 싶었나 보다. 당시만 해도 아이들이 놀 수 있는 놀이가 별로 없었기에 어린이를 위한 무언가를 만들어주고 싶었다고 한다. 그가 쓴 동화는 어린이들에게 희망을 주었다. 다른 나라에 사는 아이들까지 그 책을 보며 자랐다. 우리도 어린 시절 그의 동화를 읽으며 성장했다. 그는 평생 동안 결혼을 하지 않았다. 그러나 그의 이름은 세상 사람들 대부분이 알고 있다.

그는 동화작가 '한스 크리스티안 안데르센'이다. 그는 덴마크의 자랑이자 동화의 아버지이다. 그의 작품 《인어공주》는 덴마크의 상징으로 삼을 정도로 그 나라의 마스코트가 되었고, 그가 태어나고 자라서 작품을 썼던 생가는 덴마크에 여행간 사람들이 필수로 방문하는 곳이 되었다. 그의 흔적을 보기 위해 그 나라에 방문하는 사람들도 많다. 그는 사랑하는 사람이 자신의 고백을 받아주지 않았을 때 절망스러웠겠지만, 그 사건은 안 좋은 상황 속에서 오히려 자신이 가진 재능을 발견하는 계기가 되었다.

특히 1843년 출간된 《미운 오리 새끼》는 자신의 내용을 동화로 만든 것이라고 한다. 유난히 큰 알에서 태어난 새끼오리는 보통의 오리와 다르게 생겼다는 이유로 괴롭힘을 당한다. 도망치는 것을 반복하며 고생하던 어느 날 우연히 새끼 오리는 자신이 하늘을 날 수 있음을 알게 된다. 못생긴 오리인 줄만 알았던 새끼 오리는 다름 아닌 아름다운 백조였던 것이다. 이후, 미운 오리 새끼는 백조 무리 속으로 들어가 자유롭게 하늘을 날아다니며 행복하게 산다.

이야기의 원래 제목은 '어린 백조'였으나, 미운 오리 새끼가 사실 백조였다는 동화 속 반전 요소를 숨기기 위해 제목을 수정하였다. 그는 이 작품을 통해 현재 처지에 비관하지 말고 최선을 다해 살아가라는 메시지를 우리에게 남겼다. 그는 진정으로 자신의 있는 그대로의 모습을 인정하고, 자신을 사랑할 수 있는 사람이었다. 이처럼

꽤 괜찮은 사람의 유쾌한 반성

우리는 모두 귀한 존재다. 남들과 다른 내 모습을 보고 비관할 필요가 없다. 다른 사람들과 비교하지 않아도 이미 그 자체로 빛이 나는 사람이기 때문이다.

내가 어려서 늘 못 생겼다고 놀림을 받았기 때문에, 나는 《미운 오리새끼》를 쓸 수 있었다. 내가 어려서 너무 가난했기 때문에, 나는 《성냥팔이 소녀》를 쓸 수 있었다. 나에게 역경은 축복이었다.
- 한스 크리스티안 안데르센

완벽은 없다

천상병 시인이 쓴 시 〈귀천〉을 보면 '나 하늘로 돌아가리라 / 아름다운 이 세상 소풍 끝내는 날 / 가서 아름다웠더라고 말하리라'는 구절이 있다. 그의 시처럼 나는 인생이 여행이라는 생각이 든다. 우리는 각자의 인생을 여행하고 있다. 빈 몸으로 태어나보니 가족이 있었고, 내가 노력하지 않아도 젖을 먹고, 밥을 먹을 수가 있었다. 내가 누려온 모든 것들은 하늘이 내게 여행을 잘 하라고 빌려주신 것들이라서 감사하는 마음으로 잘 써야 하고, 내게 많은 것은 다른 없는 이들에게 나눠주고, 여행이 끝나면 후손들에게 좋은 상태로 전해줘야 할 것이다.

여행을 하다보면 여러 가지 일들을 만나게 된다. 한 번뿐인 인생

여행이고, 우리는 그 여행의 주인공이다. 그러니 용기를 내어 하고 싶은 것들을 도전해보고, 지금 이 여행을 즐기자.

나는 한때 완벽한 조건을 갖춘 뒤에 인생을 멋지게 시작하고 싶어 했었다. 그래서 안정된 직업을 가질 때까지 늘 불안한 마음으로 사느라 아무것도 제대로 즐기지 못했고, 세월은 흘러가버렸다. 하지만 그 완벽한 때는 존재하지 않았다. 그리고 지금은 안정적인 것과는 반대로 글을 쓰면서 오히려 이제야 현실을 조금씩 즐기게 되었고, 그러면서 행복을 인식하게 되었다.

어차피 우리는 인생 여행이 언제 끝나는지 아무도 모른다. 그저 지금 순간을 만족하며 즐기지 않으면 마치 존재하지 않는 파랑새를 좇듯 아무 소용이 없을 것이다. 현재 나에게 주어진 것에 감사하면서 이 속에서 최선을 다해 행복하게 산다면 어떨까.

인간이 불행한 것은 자기가 행복하다는 것을 알지 못하기 때문이다.
                                                              - 톨스토이

절망을 희망으로

죽고 싶다는 생각을 한 적이 나는 몇 번 있었다. 그만큼 마음이 지옥으로 느껴질 때 그런 생각이 든다. 살다보면 누구나 이렇게 낙심할 때가 있다. 하지만 그것을 받아들이는 마음속의 바탕이 다 다

패 괜찮은 사람의 유쾌한 반성

르기에 어떤 사람은 같은 일을 겪어도 별일 아니게 여기고 툭툭 털어버리고 잊어버리는가 하면 어떤 사람은 그 일 때문에 죽음을 결심하기도 한다. 한동안 나는 누구보다도 절망을 크게 받아들였던 사람으로서 이제는 말하고 싶다. 인생은 '새옹지마(塞翁之馬)'와 같아서 지금은 어떤 사건이 절망으로 보여도 그것을 통해 새로운 기회도 함께 오는 것이기에 더 이상 그것은 절망이 아니라고.

우리 집은 한때 동생과 내가 대학교에 다니느라 목돈이 필요해서 은행에 빚을 지지 않으려면 옛날에 살던 장위동 집을 팔아야 했을 때가 있었다. 하지만 그 집을 아무리 부동산에 내놓아도 팔리지 않아서 부모님의 속이 타고 있었다. 몇 년 간 기다려도 팔리지 않았고, 급기야 급전까지 마련해서 200만 원을 들여 집을 내놓는 광고를 찍었지만 아무 소용이 없었다.

그러고 나서 한참 뒤에 있었던 일이다. 전부터 얘기만 나오고 평생 안 될 것만 같았던 재개발이 갑자기 시행되었고, 그 덕분에 다행히 빚도 일부 갚을 수 있을 만큼 동네의 집값이 올랐다. 그리고 이제는 거기에 지하철까지 들어온다고 하여 공사를 착수하려고 한다. 만약 그때 집 계약이 성사되어서 싸게 팔아버렸다면 좋은 소식은 우리의 것이 아니었을 것이다.

사람에게 계속 절망만 있지는 않다. 조금만 지내다보면 반전으로 좋은 기회가 오기도 한다. 그러니 조급하게 실망 따위는 이제 하지 않으려고 한다. 하루만 더 지내보면 좋게 달라질 수도 있기에 나는 오늘 밤도 기대를 하며 잠들 것이다. 내일 아침에 눈을 뜨면 뭔가 좋은 일이 생길지도 모르니까.

자신의 생각만 바꾼다면 삶을 전혀 변화시키지 않고도 행복해질 수 있다.

― 리처드 칼슨